KB196734

3분 안에 스트레스에서 벗어나는 법

전겸구 저

22가지 핵심 원리와 30가지 기법

학지사

강은애, 전겸도
늘 사랑과 빛으로 인도하셔서 감사합니다.

이은주, 전균영, 전덕영
사랑하는 가족과 함께 동고동락해서 행복합니다.

김광채
우정과 지원, 늘 고맙습니다.

머리말

나는 미국에서 박사 학위 논문으로 스트레스를 다룬 후 한국 과 미국에서 전임 교수(full-time faculty)로 재직하면서 나름대로 스트레스에 관해 35년 이상 씨름해 오고 있다. 한국스트레스관 리센터와 한국스트레스연구소를 운영한 바 있으며, 대한스트 레스학회에서 부회장도 역임했다. 관련 논문도 국내외에서 발 표하고, 삼성전자를 비롯해 다양한 곳에서 스트레스 관리 특강 과 워크숍을 진행한 바 있다. 또한 스트레스 관리 자격 과정을 운영하고 있다.

하지만 늘 아쉬웠던 점은 스트레스의 심각성을 고려할 때 스 트레스에서 벗어나는 데 시간이 오래 걸린다는 점이었다. 다행 히 최근에 '3분 스트레스 관리'를 정립할 수 있게 되었다. 이 책 에서 소개하고 있듯 3분 스트레스 관리는 사실 매우 쉽다. 22가 지 핵심 원리와 30가지 효과적인 기법을 익히면 누구나 3분 안 에 스트레스에서 벗어날 수 있다. 사실 일부 기법의 경우 90초,

아니 3초 안에도 스트레스에서 벗어날 수 있다.

이 책에서 소개하는 핵심 원리와 효과적인 기법을 터득하면 청소년, 청년, 직장인, 주부, 교사, 경찰, 소방관, 군인, 노인 등 누구나 스트레스 상황에서 쉽게 벗어날 수 있다. 중학생 이상이 라면 누구에게나 도움이 되도록 꾸며졌기 때문이다. 또한 책에 서 소개하는 대부분 기법은 분노 관리와 중독에도 적용될 수 있 으므로 분노와 중독 문제로 고생하는 분들도 도움을 받을 수 있 으면 좋겠다.

이 책은 대한민국 국민, 미국을 비롯해 전 세계에 거주하는 교민, 그리고 지구촌 사람들이 '3분' 안에 스트레스에서 벗어나 자신이 원하는 삶을 살 수 있도록 돕기 위해 쓰였다. 이것이 건 강심리학자로서 나의 소명이다. 나의 비전 가운데 하나는 '3분 스트레스 관리 클럽'이 전국 방방곡곡, 그리고 전 세계 주요 도 시에서 활성화되어서 많은 사람이 스트레스에서 벗어나 자신 이 원하는 삶을 사는 모습을 보는 것이다. 그것도 3분 안에!

불행하게도 스트레스는 현대인에게 세 가지 양상으로 나타 나고 있다. 첫째, 바쁜 삶을 살다 보니 스트레스를 인지하지 못 하거나 설사 인지하더라도 급한 불을 끄는 데 급급하면서 스트 레스 문제 해결에 신경 쓰지 못하고 사는 경향이 있다. 둘째, 과 도한 스트레스 상황에 살다 보니 '스트레스의 일상화' 또는 '스 트레스의 정상화' 현상이 나타나고 있다. 스트레스에서 벗어나 고 싶은 마음도 있지만, 그러려니 하면서 스트레스 상황을 무감각하게 받아들이는 경향이 있다. 셋째, 스트레스에서 벗어나고 싶지만, 스트레스 관리에 시간이 많이 걸리다 보니 포기하는 경향이 있다.

이 책은 이와 같은 현대인들의 어려움에 도움을 드리기 위해 썼다. 우선 스트레스가 '축적'되면 다양한 질병에 걸리고, 더 심하게는 조기 사망에 이르기도 한다. 따라서 급성 스트레스가 만성 스트레스로 축적되지 않도록 스트레스 관리를 잘 터득함으로써 '건강'하게 살면 좋겠다. 또한, 대한민국 헌법에 '행복추구권(제10조)'이 명시되어 있듯이 우리 모두는 '행복'한 삶을 추구할 권리가 있다. 그런데 '현대인의 행복'에 가장 큰 걸림돌은 스트레스이다. 따라서 한 번 주어진 귀한 인생을 무감각하게 살기보다 적극적으로 스트레스를 관리함으로써 '행복'한 삶을 살 수 있으면 좋겠다. 끝으로, 책에서 소개하는 '3분 스트레스 관리' 원리와 기법을 적용하면서 '3분' 안에 스트레스에서 벗어나서 '성공'적인 삶을 실현할 수 있으면 좋겠다.

모쪼록 책에서 소개하는 핵심 원리와 효과적인 기법을 활용하면서 '3분' 안에 스트레스에서 벗어나 자신이 진정으로 원하는 '건강, 행복, 성공'의 삶을 살 수 있기를 진심으로 기원한다.

2024년 11월
전겸구

감사의 글

먼저 저자에게 생명을 주시고, 저자의 삶의 목자이시며, 어려운 상황에서도 부족함 없도록 은혜를 내려 주시는 하나님께 감사드린다.

가족 가운데 늘 어머님과 형님에 대해 감사를 표했으나, 이번 기회에 동생(전병국)에게도 고마움을 전하고 싶다. 자라면서 다른 사람의 도움 없이 피아노, 하모니카, 기타를 스스로 배워서 자랑스러웠을 뿐 아니라, 최근 몇십 년 동안 어머님을 모시고 있어서 진심으로 고마움을 표하고 싶다. 이번에 책을 쓰는 과정에서도 어머님의 건강을 염려하지 않고 책 저술에 전념할 수 있어서 다시 한번 고맙다.

저자가 국내와 미국에서 전임 교수로 있으면서 학문과 사회에 공헌할 수 있었던 것은 오로지 모교의 은사님들 덕분이다. 저자의 역량이 부족함에도 불구하고 격려와 지원을 아끼지 않으신 지도 교수이신 한덕웅 선생님을 비롯해 방현모, 장동환,

이창우, 오원철 선생님께 진심으로 감사드린다. 여기서 세세하게 언급하지 않겠으나, 저자가 조금이라도 공헌할 수 있었던 것은 이분들의 도움 덕분이다.

스트레스 관리 분야에서 여러 선생님의 은덕을 입었지만, 특히 원호택, 황준식, 허봉렬, 변광호, 김형섭 선생님께 감사드린다. 서울대학교 심리학과 명예 교수이신 원호택 선생님은 저자에게 국내에서 처음으로 한양대학교 의과대학 정신의학과에 개설된 임상심리학 수련 기회를 주시고 스트레스 관리 분야에서 앞장서 후배를 양성하셨다. 대한스트레스학회를 창립하시고 늘 지원과 조언, 그리고 따뜻하게 이끌어 주신 경희대학교 의과대학 명예 교수이신 황준식 선생님, 대한스트레스학회를 한 단계 발전시키시고 늘 친절과 따뜻함으로 저자를 격려하신 서울대학교 의과대학 명예 교수이신 허봉렬 선생님, 그리고 외국에서 교수로 활동하시다가 국내에 오셔서 역시 대한스트레스학회 발전에 크게 이바지하신 가톨릭대학교 의과대학 명예 교수이신 변광호 선생님께도 큰 빛을 지고 있으며 감사를 드린다. 마지막으로, 스웨덴 카롤린스카 연구소에서 방문 교수로 계시다가 귀국하신 후 스트레스와 관련된 여러 국제 학회를 개최하신 경희대학교 의과대학 명예 교수이신 김형섭 교수님의 유머와 친절, 그리고 국제회의 참여 기회 제공에 대해서도 진심으로 감사드린다.

무엇보다 이 책은 그동안 스트레스 관리 센터, 스트레스 관리 강사 과정, 워크숍, 특강, 강의에서 만난 수많은 분의 경험이 녹아 있다. 일일이 감사를 표할 수 없으나 그들의 생생한 경험을 공유해 주어서 진심으로 감사드리고 싶다.

책이 보다 깔끔한 모습으로 세상에 나올 수 있도록 도움을 준 박지아 대리에게 진심으로 고마움을 표하고 싶다. 자칫 딱딱한 내용으로 흐를 수 있었으나, 적절한 그림을 삽입하고 그 밖에도 전문가로서 세세한 측면을 보완해 주어서 많은 도움을 받았다. 특히 이번에도 저자의 제의를 흔쾌하게 수락해서 이 책이 독자들을 만날 수 있도록 도움을 준 김진환 대표께 진심으로 감사를 표하고 싶다. 사실 김진환 대표의 도움이 없었다면 이 책은 독자를 만날 수 없는 상황이었다. 앞으로도 김진환 대표, 학지사, 그리고 인싸이트의 무한한 건승을 기원한다.

끝으로, 장차 이 책을 읽게 될 독자분들에게 미리 감사를 표하고 싶다. 이 책을 읽는 이유가 다양하겠지만, 책에서 목적하는 대로 3분 안에 스트레스에서 벗어나 자신이 원하는 삶을 살 수 있기를 진심으로 기원한다.

차례

제**1**부

3분 스트레스 관리의 배경

11

제 2부
3분 스트레스 관리의 핵심 원리와 기법

03 전반적 수준: 이완하며 살라 • 49

04 신체적 수준: 활력 있는 삶을 살라 • 79

07 영적 수준: 고차적 삶을 살라 • 195

에필로그 어제보다 나은 삶을 살라 • 217

일러두기

이 책에 등장하는 인명은 가능한 대로 원어 발음에 맞추도록 노력했
으나 오기일 경우 추후 수정할 예정이다. 아울러 일반 관례에 따라
서양 사람의 경우 원칙적으로 첫 이름과 마지막 이름만 표기했다.

누구나 3분 스트레스 관리가 가능하다

지혜를 나타내는 불변적인 표시는 평범한 사실에서 기적을 보는 것이다.

−랄프 왈도 에머슨(Ralph Waldo Emerson)−

많은 사람이 3분 안에 스트레스에서 벗어날 수 없다고 생각한다. 하지만 이 책에서 소개하는 핵심 원리를 이해하고 효과적인 기법을 숙달하면 누구나 3분 안에 스트레스에서 벗어날 수 있다!

🌹....누구나 3분 스트레스 관리가 가능하다

3분 안에 스트레스에서 벗어날 수 있을까? 물론이다. 우선 질 테일러(Jill B. Taylor) 박사를 소개하는 것이 좋겠다. 그녀는 하버드대학교에서 뇌과학으로 박사 학위를 받은 후 인디애나대학교 의과대학에 재직한 바 있는 유능한 뇌과학자이다. 그런데 어느 날 아침 그녀에게 뇌졸중이 발생했다. 그 후 8년 정도 지나면서 회복되었으며, 그동안 체험에 기초해서 『나는 내가 죽었다고 생각했습니다(My Stroke of Insight)』(2006)를 출판한다. 그리고 이 책은 미국에서 베스트셀러가 된다. 테일러 박사는 책에서 다음과 같은 내용을 소개한다. 스트레스(예: 분노)를 경험할 때 우리 몸 안에 아드레날린이 발생 후 사라지는 시간이 불과 90초밖에 되지 않는다.[1] 그렇다! 우리가 살면서 경험하는 분노를 비롯한 스트레스는 불과 90초 만에 사라진다.

이 시점에서 분노와 스트레스 간의 연관성을 간략히 소개하는 것이 좋겠다. 스트레스의 핵심은 '정서적 스트레스'이다. 정서적 스트레스란 살면서 경험하게 되는 부정적 감정(예: 분노, 불안, 우울)을 지칭한다. 현대적인 의미에서 스트레스를 처음으로 개념화했던 월터 캐넌(Walter B. Cannon, 1914)은 '정서적 스트레스'를 강조한 바 있으며, 이후 주요 스트레스 이론(Lazarus, 1999; Mason, 1975)에서도 역시 정서적 스트레스를 강조하고 있다.[2] 나 역시 이러한 주장에 전적으로 동의한다. 이처럼 정서적 스트레스(특히 분노, 불안, 우울)가 가장 핵심적인 스트레스라고 보면 된다.

테일러 박사의 개인적 경험 이외에도 정서적 스트레스가 60초에서 90초 사이에 사라진다는 논문도 발표된 바 있다.[3] 이러한 전문적인 논문은 보다 과학적인 연구 결과이기 때문에 정서적 스트레스가 쉽게 사라지게 된다는 점을 명확하게 보여 주고 있는 셈이다.

뿐만 아니다. 페퍼다인대학교의 조안 로젠버그(Joan I. Rosenberg) 교수는 『당신이 진정으로 사랑하는 삶을 살 수 있는 90초(90 Seconds to a Life You Love)』(2019)에서 오랜 임상 경험에 기초해서 90초 안에 정서적 스트레스에서 벗어나 자신이 원하는 삶을 살 수 있는 원리와 기법을 소개하고 있다.[4]

국내의 사례도 소개하는 것이 좋겠다. 내 경험은 이 책에서 다양하게 소개되지만, 스트레스 상황에서 도보 여행을 했던 심상만 떠올려도 가슴이 설레면서 문자 그대로 3초 안에 스트레스가 사라진다. 또한 스트레스 상황에서 나의 '소명'만 생각하더라도 힘이 불끈 솟아오르면서 역시 3초 안에 스트레스가 사라지곤 한다.

간접 경험도 있다. 나는 테일러 박사의 책을 출간 초기에 구입한 후, 내가 진행하는 '스트레스 관리'와 '분노 관리' 자격 과정 등에서 소개한 바 있다. 그런데 이 과정에서 흥미로운 간접 경험을 하게 되었다. 분노 관리 강사 과정에 참석했던 한 분이 약 한 달 후에 전화를 줬다. 이 분은 당시 서울에 있는 모 간호대학교의 박사 과정에 있었는데(이 분은 나중에 박사 학위를 취득했다), 전화를 건 이유는 자신이 너무 신기한 체험을 하였기 때문이었다. 당시 초등학교에 다니는 딸이 있었는데, 아이가 학교에 갈 때마다 늦장을 부려서 자주 스트레스를 경험하곤 했다. 그런데 하루는 불현듯 분노 관리 과정에서 배운 기법이 생각나서 실제로 적용해 보았다. 그러자 정말로 신기하게 90초 안에 분노가 사라졌다.

이처럼 누구나 3분 안에 스트레스에서 벗어날 수 있다. 그렇다면 독자들의 마음에는 이런 의문이 들 것이다. 왜 나는 스트레스 상황에서 수시간, 수일, 수주, 수개월, 수년이 걸리지? 사실 나는 워크숍이나 자격 과정에서 "스트레스가 경험될 때 얼마나 오래 지속되는가?"를 종종 질문하곤 한다. 그러면 수시간에서 수년이 걸린다고 응답한다. 그리고 때로 "끝까지 간다"라는 대답도 있다. 왜 이런 현상이 벌어질까? 그 이유는 간단하다. 스트레스 상황을 생각하는 만큼 오래간다. 불행하게도 많은 사람은 한 가지 나쁜 상황을 '생각하고 또 생각하는' 경향이 있다. 이러한 현상에 관해서는 차차 소개하기로 하고, 다시 한번 강조

스트레스 상황은 생각하는 만큼 오래간다. 불행하게도 많은 사람은 한 가지 나쁜 상황을 '생각하고 또 생각하는' 경향이 있다.

하겠다. 누구나 3분 안에 스트레스에서 벗어날 수 있다! 이 책에서 '3분 스트레스 관리'로 소개하고 있지만 앞의 사례에서 보여 주는 '90초'의 두 배를 넉넉하게 가정하고 있는 셈이다.

🌹 ....이 책을 효과적으로 보는 법

이 책에는 22가지 핵심 원리와 30가지 효과적인 기법이 소개되어 있다. 각 기법을 효과적으로 적용하기 위해서는 가능하면 1부를 먼저 살펴본 후, 구체적인 원리와 기법을 읽어 보는 것이 좋다. 하지만 원리와 기법이 궁금한 독자라면 곧바로 2부의 원리 1부터 살펴보아도 좋다. 다만 시간이 날 때 언제든지 돌아와서 1부를 한 번 살펴보는 것이 기법 적용에 도움이 된다.

원리와 기법은 순서에 관계없이 관심 있는 주제를 보면 된다. 다만 전반적 수준에서 소개하는 이완법이 스트레스 관리에서 가장 근원적이고 효과적인 방법이므로 가능한 한 먼저 살펴보면 좋다.

기법을 30가지로 제한한 이유는 한 달 안에 모든 기법을 체험할 수 있도록 도움을 드리기 위해서이다. 따라서 가능하면 하루에 최소한 한 가지 기법을 실습해 보기를 권유한다.

사실 '3분 스트레스 관리'를 위해서 30가지 기법을 모두 터득할 필요는 없다. 스트레스 상황에서 3분 안에 벗어날 수 있는 기법을 터득하면 그것으로 충분하다. 다만 가능하면 각 수준별(전반적, 신체적, 심리적, 사회적, 영적)로 최소한 한 가지 이상의 기법을 터득할 수 있길 바란다. 왜냐하면 당면하고 있는 스트레스는 각 수준별로 효과성이 다를 수 있기 때문이다.

30가지 기법의 효과는 개인의 경험, 취향, 상황에 따라 다르게 나타날 수 있다. 예를 들어, 어느 상황에서는 A라는 기법이 효과가 있으나, 또 다른 상황에서는 B라는 기법이 효과적으로 나타날 수 있다. 중요한 점은 효과적인 기법들을 충분히 연마함으로써 다양한 스트레스 상황에서 3분 안에 재빨리 벗어날 수 있어야 한다는 것이다.

이 책에서 소개하는 기법들은 당분간 벗 삼아 반복적으로 실습하면 좋겠다. 특히 머리로만 이해하지 말고 각 기법이 몸에 완전히 체득될 수 있도록 실습하기를 바란다. 왜냐하면 그래야만 비로소 스트레스에서 쉽게 벗어나서 자신이 진정으로 원하는 삶을 살 수 있기 때문이다. 그런 의미에서 마치 상비약을 준비하듯이 일정 기간 이 책을 가까이 놓고 수시로 핵심 원리와 효과적인 기법을 적용해 보기를 강력하게 추천한다.

책을 읽으면서도 '3분 스트레스 관리'에 대해 확신이 서지 않는 독자들이 있을 것으로 짐작된다. 만약 그렇다면 '클레이 사격' 장면을 떠올려 보라. 영화나 드라마를 보면 하늘로 날아가는 원형의 표적을 기가 막히게 맞힌다. 어떻게 그것이 가능할까? 꾸준히 연습한 결과이다. 서커스 단원의 놀랄 만한 동작도 꾸준히 연습한 결과이다. 물론 이 책에서 소개하는 기법들은 그렇게 오래 연습하지 않아도 된다. 다만 꾸준히 연습하다 보면 누구나 '3분 스트레스 관리가 가능하다!'

이제 본격적으로 3분 스트레스 관리를 소개하기 전에 먼저 스트레스가 무엇인지 간략하게 살펴보기로 하자.

'클레이 사격' 장면을 떠올려 보라.
영화나 드라마에서 보면 하늘로
날아가는 원형의 표적을
기가 막히게 맞힌다.
어떻게 그것이 가능할까?
꾸준히 연습한 결과이다.

제1부

3분 스트레스 관리의 배경

'3분 스트레스 관리'는 매우 간단하고 효과적이다. 하지만 배경을 이해할 때 책에서 소개하는 원리와 기법이 더 효과적으로 나타날 수 있기 때문에 몇 가지 주제를 소개하는 게 좋겠다.

우선 제1장에서는 '스트레스'에 관한 핵심적인 주제를 소개한다. 우리가 경험하는 '스트레스 자극'은 '외부'에서 발생하기도 하지만, '내부'에서 발생할 수 있다. 예를 들어, 과거에 발생한 스트레스 사건을 불필요하게 반복하거나, 미래에 대해서 불필요하게 걱정하는 경향은 '내부' 자극으로 인한 스트레스이며, 우리가 경험하는 스트레스 95% 정도로 나타나고 있다. 따라서 '3분 스트레스 관리'는 일차적으로 '내부' 자극으로 인한 스트레스 관리에 초점을 두고 있다. 또한 '3분 스트레스 관리'의 핵심 목적은 '급성 스트레스'가 '만성 스트레스'로 진행되는 것을 차단하는 데 있다. 왜냐하면 급성 스트레스는 일반적으로 유익하며 '인생의 양념'으로 기능하지만, '만성 스트레스'는 다양한 질병과 조기 사망을 초래하는 '죽음의 키스'가 될 수 있기 때문이다.

제2장에서는 3분 스트레스 관리를 위한 '3단계'를 소개한다. 3단계란 '제어 이론'에 기초해서 (1) 탐지기에서 멈추고, (2) 조절기에서 생각하고, (3) 실행기에서 실행하면 누구나 '3분' 안에 스트레스에서 벗어날 수 있다. 마지막으로 '스트레스 해소'와 '스트레스 관리'의 차이를 소개하면서 '스트레스 해소'가 아니라 '스트레스 관리'가 답이라는 점을 강조한다.

제1장

스트레스란 무엇인가

스트레스의 핵심 발생 조건: 욕구와 현실 간의 불합치

스트레스 자극: 외부 vs. 내부

스트레스 경험: 급성 스트레스 vs. 만성 스트레스

　이 책은 스트레스 관리에 관한 책이다. 스트레스를 제대로 관리하려면 먼저 '스트레스'가 무엇인지 잘 알아야 한다. 이 장에서는 스트레스를 이해하기 위해 세 가지 주제를 간략하게 살펴보도록 하자.

🌸.... 스트레스의 핵심 발생 조건: 욕구와 현실 간의 불합치

　스트레스는 원하는 것(욕구)이 현실에서 이루어지지 않을 때 발생한다. 보다 정확하게 언급하면 원하는 것이 이루어지지 않았거나(과거), 이루어지지 않고 있거나(현재), 이루어지지 않을 것으로 예상될 때(미래) 스트레스를 경험한다.

스트레스의 핵심 발생 조건: 스트레스 = f (욕구 ≠ 현실)

잠시 지금 경험하고 있는 스트레스를 생각해 보라. 아마 어떤 스트레스일지라도 이 조건에 부합될 것이다.

이 책에서는 각 수준별로 네 가지 핵심 욕구를 다루고 있다. '생리 욕구'(신체적 수준), '자율 욕구'(심리적 수준), '관계 욕구'(사회적 수준) 및 '초월 욕구'(영적 수준) 등이다. 스트레스란 이러한 핵심 욕구가 현실에서 어긋날 때 경험하게 된다.

🌸 스트레스 자극: 외부 vs. 내부

스트레스는 진공 상태에서 발생하지 않는다. 무언가 자극이 있기 때문에 스트레스를 경험하게 된다.

스트레스를 유발하는 자극은 매우 다양하다. 누구에게나 치명적인 결과를 초래할 수 있는 재앙적 사건(예: 전쟁, 홍수, 지진 등)부터 대부분 사람에게 스트레스를 유발할 수 있는 주요 생활 사건(예: 배우자의 죽음, 대인 간 갈등, 실직, 경제적 어려움, 질병, 사업 실패, 시험 낙방, 실연 등), 그리고 일상생활에서 경험할 수 있는 소소한 사건(예: 상대방의 약속 시간 위반, 사고 싶었던 빵의 품

절 등)까지 다양하다. 이러한 외적 자극에 대해서는 대부분의 독자들이 쉽게 알 수 있다.

한편, 우리가 경험하는 스트레스를 잘 살펴보면 외부 자극이 아닌 내부 자극으로 인해 발생하기도 한다. 예를 들어, 앞에서 소개한 바 있는 질 테일러 박사는 자신이 좋아하는 노래를 부르면서 운전하다 교통 티켓을 받았다. 이 상황에서 그녀는 울적한 마음을 달래려 100번 이상 노력했다고 고백한 바 있다.[1] 무슨 이야기인가? 동일한 사건을 100번 이상 생각했다는 이야기다. 여러분은 어떤가? 기분 나쁜 일이 벌어지면 한 번만 생각하고 잊는가? 아니면 반복해서 그 일을 생각하는가? 아마 대부분 사람들은 반복해서 생각할 가능성이 높다.

사람들은 앞으로 발생할 일에 대해서도 미리 걱정하는 경향이 있다. 예를 들어, 캐나다 심리학자인 어니 젤린스키(Ernie Zelinski)는 사람들의 걱정을 분석한 결과 전혀 일어나지도 않을 일(40%), 이미 일어났기 때문에 어쩔 수 없는 일(30%), 사소한 일(22%), 바꿀 수 없는 일(4%)로 나타나서 전체 걱정 가운데 96%는 쓸데없는 걱정이라고 지적한 바 있다.[2] 또한 코넬대학교 연구에서도 유사한 결과가 나타났다. 연구 참여자들에게 앞으로 2주 동안 발생할 수 있는 걱정을 적도록 한 후, 실제로 2주 동안 일어난 일을 살펴본 결과, 85%는 결코 발생하지 않았다. 나머지 15%를 분석한 결과, 그 가운데 79%는 자신이 생각했던 것보다 문제를 잘 해결했다. 결과적으로 전체 걱정 가운데 97%

스트레스 자극: 외부 vs. 내부

는 불필요한 걱정임을 다시 한번 보여 주고 있다.[3]

　이처럼 우리가 경험하는 스트레스는 외부 자극에서 오기도 하지만 내부 자극에서 오는 경우가 많다. 그렇다면 일단 내부에서 발생하는 '자가 발생적'인 스트레스만이라도 줄이는 것이 현명하다. 물론 이러한 변화가 하루아침에 이루어지지 않겠지만, '3분 스트레스 관리'를 꾸준히 반복해서 실습하다 보면 가능하다. 이번 기회에 더 이상 '자가 발생적'인 스트레스로 자신을 죽이지 말고 불필요한 스트레스에서 벗어날 수 있으면 좋겠다.

우리가 경험하는 스트레스는
외부 자극에서 오기도 하지만
내부 자극에서 오는 경우도 많다.
그렇다면 일단 내부에서 발생하는
'자가 발생적'인 스트레스만이라도
줄이는 것이 현명하다.

🌺 .... 스트레스 경험: 급성 스트레스 vs. 만성 스트레스

우리가 경험하는 스트레스는 '급성 스트레스'와 '만성 스트레스'로 구분할 수 있다.

이 주제를 이해하기 위해서 현대적인 의미에서 스트레스 개념을 확립한 월터 캐넌의 투쟁-도주(fight-or-flight) 개념을 살펴볼 필요가 있다. 잠시 선사시대에 살고 있다고 생각해 보자. 그리고 숲속에서 맹수를 만나게 되었다고 생각해 보자. 우리 신체에서는 어떤 반응이 나타날까? 심장박동이 빨라지고, 눈동자가 커지는 등의 변화가 나타날 것이다. 이러한 변화는 우리가 맹수와 싸우거나 도주하기 위한 신체적 위급 반응이다.[4]

사실 현대인이 맹수와 맞닥뜨리는 경우는 거의 없다. 하지만 불행하게도 현대인은 예전에 비해 더 많은 스트레스 자극에 노출되고 있으며, 그때마다 몸 안에서는 비록 강도는 약하지만 스트레스 반응이 발생하는 것이 문제다.

다음에서 보듯이, 급사와 같은 예외적 상황을 제외하면, '급성 스트레스'는 우리에게 유익하고, 생존에 도움이 되며, 살아가면서 피할 수 없다. 예를 들어, 염증이란 외부에서 들어온 세균 등과 싸우는 과정이며, 생존에 필요한 적응적 기제다. 문제는 만성 스트레스다. 왜냐하면 스트레스가 지속되다 보면 수많은 질병으로 이어지고, 심지어 조기 사망이 초래될 수 있기 때문이다.

이 주제를 조금 더 구체적으로 이해하기 위해 급성 스트레스의 '적응적 의미'와 만성 스트레스의 '병리적 측면'을 캐나다 의학자인 피터 한슨(Peter G. Hanson, 1985)에 기초해서 살펴보기로 하자.[5]

코르티솔의 증가

- 적응적 의미: 위급 상황에서는 알레르기 반응마저 억제해야 한다. 예를 들어, 맹수를 앞에 두고 눈을 깜빡이는 순간 우리의 목숨이 날아갈 수 있다.
- 병리적 측면: 코르티솔이 증가하면 알레르기 반응 이외에도 면역력이 저하된다. 그 결과, 암이나 감기를 비롯해 수많은 질병이 발생하거나 악화되기 쉽다. 뿐만 아니라 코르티솔의 증가는 복부 비만을 비롯한 다양한 문제를 일으킨다.

심장박동의 증가

- 적응적 의미: 평소보다 피를 빠르게 공급해야 하기 때문에 심장박동이 증가한다.
- 병리적 측면: 심장박동의 증가는 고혈압, 심장질환, 그리고 뇌졸중을 일으키기 쉽다(물론 이러한 질병의 발생은 다음에서 소개하는 콜레스테롤의 증가 등이 복합적으로 관여한다).

포도당과 인슐린의 증가

• 적응적 의미: 싸우거나 도망가기 위해서 우리의 에너지원 인 혈당이 증가하며, 증가한 혈당을 세포로 투입하기 위해 서 인슐린 역시 증가한다.

• 병리적 측면: 고혈당 상태가 지속되면 당뇨병 등이 유발된 다(아울러 인슐린 저항으로 인해 비만 등이 발생한다).

콜레스테롤의 증가

• 적응적 의미: 혈당의 증가만으로 필요한 에너지가 충분치 않을 경우 우리 몸에서 2차 에너지원인 콜레스테롤이 증가 한다.

• 병리적 측면: 콜레스테롤이 증가하면서 혈관이 막히면 고 혈압과 동맥경화가 나타나기 쉽다. 그리고 협심증, 심근경 색, 뇌졸중이 발생할 수 있다.

혈액의 두터워짐

• 적응적 의미: 스트레스 상황에서는 평상시보다 피를 흘릴 가능성이 높기 때문에 피를 빨리 응고하기 위하여 혈액이 두터워진다(혈액 안에 적혈구와 백혈구가 증가한 결과이다).

• 병리적 측면: 동맥경화가 발전된 상태에서는 두터워진 혈

스트레스 경험: 급성 스트레스 vs. 만성 스트레스

액이 혈관을 통과하기 더 어렵기 때문에 협심증이나 심근경색이 발생할 수 있다.

갑상선 호르몬의 증가

- 적응적 의미: 우리 몸에서 신진대사는 갑상선 호르몬에 의해 조절된다. 따라서 위급 상황에서 여러 가지 필요한 힘을 발생하기 위해 갑상선 호르몬이 과도하게 활동하기 쉽다.
- 병리적 측면: 갑상선 호르몬의 증가로 인해 체중이 감소하고 불면증이 초래될 수 있다(스트레스 상황에서 체중이 증가하기도 하는데, 이 경우는 스트레스에서 벗어나기 위해 섭취량이 증가하기 때문에 발생한다).

감각기관이 예민해짐

- 적응적 의미: 위급 상황에서 보다 정확한 정보 파악을 위해 동공이 확대되는 등의 변화가 발생한다.
- 병리적 측면: 안압이 지나치게 높으면 녹내장이 발생할 수 있으며, 녹내장은 실명을 초래한다.

소화기관의 활동 감소

- 적응적 의미: 위급 상황에서 소화기관의 활동은 중요하지

않다. 왜냐하면 3~24시간 정도 걸리는 소화 과정을 통해 에너지를 만들기에는 위급 상황이기 때문이다. 따라서 위장에 있던 피는 싸우거나 도망치기 위해서 두뇌와 근육 등으로 재배치된다.

- 병리적 측면: 다양한 소화기 질환(예: 소화 불량, 급체 등)이 발생한다. 아울러 원천적 봉쇄를 위해서 입에서는 침이 마르며, 이미 소화된 찌꺼기는 설사 또는 변비로 배설된다.

성호르몬의 감소

- 적응적 의미: 위급 상황에서 성 행동은 중요하지 않기 때문에 억제된다.
- 병리적 측면: 스트레스로 인해 성욕 감퇴와 불임 등이 초래된다.

이 주제는 이 정도로 소개하기로 하고 다만 두 가지를 강조하는 것이 좋겠다.

첫째, 스트레스는 실제로 만병의 근원이다. 여기서는 핵심적인 측면만을 소개했지만, 스트레스는 수많은 질병과 조기 사망을 초래한다. 예를 들어, 분노 상태가 되면 우리 몸에서 혈당과 혈압의 상승을 비롯해 수많은 생리화학적 변화가 발생한다. 이 책의 근본 목적은 '급성 스트레스'가 '만성 스트레스'로 진행되는

스트레스 경험: 급성 스트레스 vs. 만성 스트레스

것을 차단하는 원리와 기법을 소개하는 데 있다. 다소 과장되게 표현하면 '3분' 안에 스트레스에서 벗어날 수 있다면 스트레스로 인한 문제의 99.9%를 예방할 수 있다. 요점은 급성 스트레스는 우리가 살면서 경험하는 '인생의 양념'이라고 볼 수 있지만, 만성 스트레스로 진행되면 스트레스는 '죽음의 키스'가 될 수 있다.

둘째, 스트레스가 '저출산'과 관련해서도 중요한 요인이라는 점을 기억할 필요가 있다. 이 주제가 대한민국을 비롯해 많은 나라에서 매우 중요한 주제이기 때문에 조금 더 살펴보면 다음과 같다. 우선 일반적으로 저출산의 요인으로 주거 문제, 육아 문제, 교육 문제 등을 언급하고 있지만 스트레스가 그 기저에 있다는 점을 인식할 필요가 있다. 예를 들어, 많은 부부는 '피곤'하기 때문에 부부 관계가 적다고 표현한다. 하지만 대부분의 경우 '피로'는 '스트레스'에서 발생한다. 더 나아가 설사 관계를 맺더라도 임신이 잘되지 않는다. 왜냐하면 스트레스 상태에서는 '건강한 정자' '건강한 난자' 상태가 아니기 때문이다.

이와 관련해서 한 가지 팁을 드리는 것이 좋겠다. 서양에서는 예전부터 아이를 갖지 못하는 부부에게 의사들이 다음과 같은 조언을 주곤 했다. "여행 가세요!"[6] 여행을 가면 새로운 풍광을 보면서 흥분한다. 그리고 일반적인 흥분은 성적 흥분과 연결되기 쉽다. 더 중요한 점은 여행을 가면 스트레스에서 벗어나면서 보다 건강한 상태에서 부부 관계가 이루어지기 때문에 임신할 확률이 높아진다. 따라서 혹시 임신을 원하는 부부가 있다면 가능한 한 빠른 시일 내에 여행을 떠나 보기를 권유한다. 단, 여행을 갈 때 일상생활의 스트레스 문제를 홀홀 잊어버리고, 휴대폰을 비롯해 전자 기기에서 멀어질수록 좋다.

미국에 사는 독자들(특히 서부에 사는 독자들)은 잘 알고 있지만, 미국에 거주하는 중남미 계통의 사람들은 일반적으로 어려운 환경에서 지낸다. 주거 문제, 육아 문제, 교육 문제 등에서 다른 인종에 비해 매우 열악하다. 하지만 그들 특유의 낙천적인 성격으로 스트레스가 적다. 그 결과, 열악한 환경에서도 자녀를 많이 낳는다. 이러한 점에서 보면 저출산의 원인이 주거 문제, 육아 문제, 교육 문제만이 아닌 듯하다.

통계에 의하면, 그동안 대한민국 정부가 저출산을 해결하기 위해 380조 원이라는 엄청난 돈을 투입했지만 효과가 미미하다. 돈을 많이 준다고 저출산 문제가 해결되지 않는다는 자료가 속속 드러나고 있다. 따라서 저출산 문제를 해결하기 위해서는 무엇보다도 '스트레스 관리'를 적극적으로 고려할 필요가 있으며, 이 책에서 소개하는 '3분 스트레스 관리'가 가장 기본이 된다. 사실 이 책을 쓰는 부분적 이유는 '저출산' 문제 해결을 위해서라도 스트레스 관리를 보다 많은 사람에게 소개해야 하겠다는 사명감 때문이다.

서양에서는 예전부터 아이를 갖지
못하는 부부에게 의사들이 다음과
같은 조언을 주곤 했다. "여행 가세요!"
단, 여행을 갈 때 일상생활의 스트레스
문제를 훌훌 잊어버리고, 휴대폰을
비롯해 전자 기기에서 멀어질수록 좋다.

제2장

멈추고, 생각하고, 실행하라

3분 스트레스 관리 3단계: **멈춰라, 생각하라, 실행하라**

스트레스 효과: 해소 vs. 관리

> 만약 단순하게 설명할 수 없다면, 당신은
> 그것을 충분히 잘 이해하지 못하고 있는 것이다.
>
> -앨버트 아인슈타인(Albert Einstein)-

이 책을 쓰면서 가장 고심했던 부분이 바로 이 장이다. 하지만 인간은 이성적 동물이기 때문에 이론적 배경을 이해할 때 더 효과적이므로 간략하게나마 소개하는 것이 좋겠다. 100% 이해가 되지 않더라도 한 번 쭉 읽어 보면 된다. 참고로 이 책에서 소개하는 3분 스트레스 관리는 '제어 이론(control theory)'에 기초하며,[1] 보다 자세한 내용은 부록 1을 살펴보길 바란다.

제어 이론이란 제어 시스템, 즉 자동 시스템에 관한 이론이다. 흥미롭게도 인간 역시 하나의 제어 시스템이다. 예를 들어

체온, 혈당, 혈압, 심지어 수면 등이 자동적으로 조절된다. 이 러한 조절 작용을 이해하기 위해서는, 특히 3분 스트레스 관리 와 관련해서는, 세 가지 핵심 기능을 살펴볼 필요가 있다. 우선 우리 몸은 크게 세 가지 핵심 기능으로 구분된다. ① 눈을 비롯한 감각기관을 통해 정보를 탐지하고(탐지기), ② 탐지된 정보에 기초해서 두뇌에서 무엇을 할지 선택 결정하며(조절기), ③ 선택 결정에 기초해서 팔과 다리를 이용해서 실제로 실행하게 된다 (실행기). 한편, 캔디스 퍼트(Candace B. Pert)에 따르면, 각 세포 안에도 이와 같은 탐지기, 조절기, 실행기가 각각 존재한다.[2]

결국 '3분 스트레스 관리'란 이러한 세 가지 핵심 기능에 기초해서 ① 탐지기에서 멈추고, ② 조절기에서 생각하고, ③ 실행기에서 실행하면 된다. 그게 다다. 이와 같이 접근하면 누구나 '3분' 안에 스트레스에서 쉽게 벗어날 수 있다.

'3분 스트레스 관리'란

① 탐지기에서 멈추고,

② 조절기에서 생각하고,

③ 실행기에서 실행하면 된다.

그게 다다.

🌹 .... 3분 스트레스 관리 3단계: 멈추라, 생각하라, 실행하라

🌾 멈추라

스트레스에서 벗어나려면 우선 멈추어야 한다. 사람들은 스트레스 상황에서 생각하고, 또 생각하면서 스트레스가 지속되거나 증폭되기 쉽다. 따라서 3분 안에 스트레스에서 벗어나기 위해서는 우선 스트레스 상황에서 빨리 멈추어야 한다. 초심자에게는 이 단계가 가장 중요하다. 아울러 스트레스에서 멈추려면 먼저 스트레스를 재빨리 알아차려야 한다. 불행하게도 상당수의 사람은 머리가 아파 오고, 소화가 안 되고, 잠이 안 올 때 비로소 스트레스를 경험하고 있음을 알게 된다. 그 결과, 수많은 질병과 조기 사망이 스트레스로 인해 초래되고 있다. 하지만 모든 것이 그러하듯 꾸준히 연습하면 누구나 쉽게 스트레스를 알아차리면서 멈출 수 있다.

🌾 생각하라

스트레스에서 벗어나 진정으로 원하는 삶을 살기 위해서는 선택과 결정을 잘해야 한다. 그리고 좋은 선택과 결정을 위해서는 다음과 같은 두 가지 주제를 생각해 보아야 한다.

- 유용성: 스트레스 상황에서 떠오르는 생각이 과연 나에게 '유용'한가? 예를 들어, 상대방의 부당한 지시나 요구, 약속 위반, 무례함, 성적 하락, 승진 실패 등으로 인한 스트레스 상황에서 "왜 나를 못살게 굴어." "나는 바보야." 등의 생각이 떠오를 수 있다. 그런데 이러한 생각이 나에게 도움이 될까? 좀 더 넓은 의미로 접근하면, 과연 이러한 생각이 내가 진정으로 원하는 '건강, 행복, 성공'에 도움이 될까? 그렇지 않을 것이다. 그리고 만약 스트레스 대신 '건강, 행복, 성공'을 선택한다면, 이 책에서 소개하고 있는 다양한 기법에 초점을 두어 실행하는 것이 좋다.

웬만한 상황에서는 '유용성'만 생각해 보아도 충분하다. 따라서 책에서는 각 기법을 소개할 때 '유용성'만을 기술한다. 하지만 좀 더 심각한 스트레스 상황에서는 '주체성'을 추가로 생각해 보는 것이 좋다.

- 주체성: 스트레스 상황에서는 상대방이나 상황에 대해 부정적인 생각이 들 가능성이 높다. 그리고 건강하고 행복하고 성공적으로 살고 싶은데 '상대방/상황 때문에' 스트레스를 받고 있다고 생각하는 경향이 있다. 하지만 잠시 생각해 보자. 이런 생각은 '누구의 생각인가?' 이와 관련해서 질

3분 스트레스 관리 3단계: 멈추라, 생각하라, 실행하라

테일러는 다음과 같은 점을 지적하고 있다. "만약 90초 후에도 화를 내고 있다면, 내가 그렇게 선택"[3]했기 때문에 아직도 내 몸에 생화학적 반응이 지속되고 있다는 것이다. 달리 말하면, 부정적 생각을 할지, 아니면 긍정적 생각을 할지 나에게 달려 있다. 그렇지 않은가? 다른 것은 몰라도 내 생각은 나의 주체적인 선택 아닌가? 이처럼 나의 생각에 대한 '주체성'을 생각해 보는 것이 도움이 된다.[4]

실행하라

선택한 각 기법을 실제로 실행해야 효과가 나타난다. 다시 강조하지만 책에서 소개하고 있는 30가지 기법들을 제대로 실행하면 3분 안에 스트레스가 사라진다. 하지만 기법을 제대로 실행하지 않으면 효과가 적거나 없다.

기법을 실행할 때 가장 중요한 점은 집중하는 것이다. 왜냐하면 집중할 때와 그렇지 않을 경우에 효과가 전혀 다르기 때문이다. 예를 들어, 호흡을 선택했다면 호흡에 집중해야 하며, 음악을 선택했다면 음악에 집중해야 한다. 반면에 기법을 실행하면서도 다른 생각에 빠져 있으면 효과가 적거나 없다.

이 책에서 소개하는 '3분 스트레스 관리'는 매우 단순하면서도 매우 효과적이다. 실제로 '3분 스트레스 관리'로 접근하면 놀라운 효과를 체험하게 된다. 하지만 때로 장애 요소로 인해 효과가 잘 나타나지 않을 수 있다. 만약 이 책에서 소개하는 기법을 적용했음에 불구하고 효과가 잘 나타나지 않을 경우 부록 2에서 소개하고 있는 '장애 요소' 및 그에 대한 '해결 방안'을 한번 살펴 보기를 바란다.

🌿.... 스트레스 효과: 해소 vs. 관리

주위에서는 '스트레스 해소'라는 말을 많이 사용한다. 심지어 자칭 스트레스 관리 전문가라는 사람들 중에서도 이 말을 달고 사는 사람들이 있다. 하지만 '스트레스 해소'는 답이 아니다. 왜 냐하면 스트레스 해소를 위해서 술을 마시고, 담배를 피우고, 과식하고, 쓸데없는 홈쇼핑을 하고, 뒷담화하고, 심지어 욕하는 행동 등이 포함되기 때문이다. 이러한 행동은 나름 스트레스에 서 벗어나기 위한 하나의 방식이다. 문제는 이러한 방식을 통해 스트레스가 일시적으로 '해소'될지는 모르나, 대부분 경우 장기적으 로 더 큰 '문제'를 일으키기 쉽다. 건강을 해치고, 불필요한 지출 로 고생하며, 다른 사람과 더 큰 갈등을 일으킬 가능성이 높다. 이처럼 '스트레스 해소'는 답이 아니다.

반면에 이 책에서 소개하는 '3분 스트레스 관리' 기법은 일시 적으로도 효과가 있을 뿐 아니라 장기적으로도 좋은 방법들이 다. 이게 중요하다. 이처럼 스트레스에서 '빨리' 벗어날 뿐 아니라

'장기적'으로도 좋은 방법, 이것이 진정한 '스트레스 관리'다.

모쪼록 '스트레스 해소' 대신 '3분 스트레스 관리'를 통해서 일시적으로도, 그리고 장기적으로도 자신에게 도움이 되는 원리와 기법을 터득할 수 있기를 진심으로 기원한다.

자, 준비되셨는가? 이제 본격적으로 '3분 스트레스 관리' 여정을 떠나 보도록 하자. 이 여정을 통해서 스트레스에서 벗어나 자신이 진정으로 원하는 '건강, 행복, 성공'의 삶을 시작해 보자.

이제 본격적으로 '3분 스트레스 관리'
여정을 떠나 보도록 하자.
이 여정을 통해서 스트레스에서
벗어나 자신이 진정으로 원하는
'건강, 행복, 성공'의 삶을 시작해 보자.

제**2**부

3분 스트레스 관리의
핵심 원리와 기법

제2부에서는 각 수준별로 22가지 핵심 원리와 30가지 효과적인 기법을 소개한다.

우선 전반적 수준에서는 이완법에서 가장 대표적인 ① 복식 호흡법, ② 심상법, ③ 점진적 근육 이완법을 소개한다. 이러한 이완법은 스트레스 관리에서 가장 근원적인 기법이며, 이어서 소개하는 네 가지 수준에 전반적으로 영향을 미친다.

신체적 수준에서는 ① 물, ② 운동, ③ 음악과 연관된 3분 스트레스 관리 기법을 소개한다. 특히 대부분 독자들이 커피를 즐길 터인데, 기법 8에서는 '커피를 마시면서 천국을 다녀오는 법'을 소개한다. 신체적 수준에서의 원리와 기법은 상대적으로 매우 단순하다. 하지만 이러한 원리와 기법을 무시하지 않고 생활 속에서 적극 활용하면 보다 손쉽게 '3분' 안에 스트레스에서 벗어날 수 있다.

심리적 수준에서는 여섯 가지 원리를 소개한다. 책에서 소개하는 각 원리를 이해하고 터득하면 지금까지 경험했던 스트레스가 5% 이하로 줄어든다. 예를 들어, 통제할 수 '없는 것'과 '있는 것'을 구분하면, 그동안 반복적으로 경험했던 스트레스가 순간적으로 사라질 수 있다. 그 밖에도 '스트레스 관리 마음틀'을 비롯한 심리적 수준에서의 모든 원리를 잘 이해하고 숙달하면 스트레스에서 벗어나 자신이 진정으로 원하는 삶을 시작할 수 있다.

대부분 스트레스는 대인 관계에서 발생한다. 따라서 사회적 수준에서는 가장 많은 일곱 가지 원리를 소개한다. 예를 들어, '스냅샷과 동영상을 구분하라'와 '사랑 에너지로 스트레스를 녹여라' 등을 소개한다. 특히 '사랑'이 매우 중요한 주제다. 이 세 가지 기법을 이해하고 터득하면 '3분 스트레스 관리'의 놀라운 효과를 경험할 수 있다.

마지막으로 영적 수준에서 ① 인생을 멀리 보라(시간 초월), ② 인생을 높은 관점에서 보라(공간 초월), ③ 고차적 의미를 발견하며 살라(자아 초월)를 소개한다. 제한된 지면을 고려해서, 또는 각자의 믿음 체계를 고려해서 자세한 내용을 소개하지 못하지만, 영적 수준에서의 스트레스 관리는 매우 중요하다. 왜냐하면 다른 수준에서 해결되지 못하는 주제들도 영적 수준에서는 쉽게 해결될 수 있기 때문이다.

제3장

전반적 수준: 이완하며 살라

원리 1. 복식 호흡을 통해 '건강, 행복, 성공'을 만끽하며 살라

원리 2. 심상법을 활용해서 순간 이동하라

원리 3. 점진적 근육 이완법의 놀라운 효과를 체험하며 살라

> 높은 수행의 진짜 적은 스트레스가 아니다······.
>
> 문제는 훈련된 간헐적인 회복의 부재이다.
>
> ─짐 로어 & 토니 슈워츠(Jim Loehr & Tony Schwartz)─

이 장에서 소개하는 '전반적 수준'은 신체적, 심리적, 사회적, 영적 수준에 광범위하게 영향을 미친다. 스트레스(stress)라는 단어는 라틴어의 strictus(팽팽하다)와 stringere(조이다)라는 단어에서 유래되었다.[1] 이 단어의 뜻은 우리가 스트레스를 경험할 때 몸과 마음이 긴장되는 상태를 의미한다. 다시 말해서 영어의 스트레스(stress)는 긴장(tension)과 동일한 의미이다. 이처럼 스트레스가 '긴장'이라면 스트레스 관리란 당연히 긴장을 풀어 주는 '이완'이 된다.

우리가 살아가는 동안 긴장이 필요할 때도 있고, 이완이 필요할 때도 있다. 사실, 자율신경계에는 교감 신경계와 부교감 신경계가 있어서 긴장할 때는 교감 신경계, 그리고 이완할 때는 부교감 신경계가 활성화된다. 그런데 대부분 현대인은 아침에 일어나 밤에 잠들 때까지 긴장의 연속 속에 산다. 그 결과 두통, 소화 불량, 불면증을 비롯해 수많은 질병으로 고생하고, 더 심각하게는 조기 사망에 이른다. 특히 산업 사회의 대도시에서 사는 독자라면 그 어느 것보다 이완법을 숙달하고 일상생활에서 적용할 필요가 있다. 그래야 스트레스에서 벗어나 '건강, 행복, 성공'의 삶이 가능하다.

스트레스란 각 차원에서 경험되는 긴장 상태이다. 예를 들어, 신체적 수준에서 긴장된 자세는 뒷목과 어깨 등에서 통증을 유발한다. 또한 심리적 수준에서 원하지 않는 상황은 선택할지 말지에 대한 긴장 상태가 되며, 사회적 수준에서 대인 갈등은 긴장된 관계를 유발하며, 영적 수준에서 방황은 자신과 신/우주와의 긴장 상태를 초래한다.

이완법은 이와 같은 네 가지 차원에 모두 영향을 미친다. 예를 들어, 복식 호흡을 하면 몸이 이완되며(신체적), 자신의 문제를 해결할 수 있는 지혜를 얻게 되며(심리적), 상대방에 대해 보다 열린 마음과 연민을 경험하게 되며(사회적), 영성 훈련에서 가장 중요한 방법이 된다(영적).

이 책에서는 이완법 가운데 ① 복식 호흡(호흡 명상), ② 심상

제3장 전반적 수준: 이완하며 살라

법, 그리고 ③ 점진적 근육 이완법을 소개한다. 앞으로 보게 되겠지만 이완법은 다른 수준에서 소개되는 기법에서도 광범위하게 적용된다.

정말로 이완법이 효과가 있을까? 그에 대한 대답은 '차고도 넘친다!'이다. 예를 들어, 복식 호흡 효과에 관한 연구는 매우 광범위하게 나타나고 있다.[2]

- 심장박동을 천천히 하고 혈압을 떨어뜨린다.
- 대표적인 스트레스 호르몬인 아드레날린과 코르티솔 수준을 낮춘다.
- 신체 내부의 젖산을 감소시킨다.
- 소화 기능을 증진시킨다.
- 면역계 기능을 증진시킨다.
- 세포 수준에서 독소 배출을 증가시킨다.
- 수면에 도움이 된다.
- 통증을 감소시킨다.
- 건강한 노화와 장수를 증진시킨다.
- 정신 집중에 도움이 된다.
- 정서적인 안녕과 평온함을 증가시킨다.

이 책을 기획할 당시 모든 원리별로 과학적인 연구를 소개할 계획이었다. 그래야 독자들이 해당 원리와 기법에 대한 과학적 배경을 알게 되면서 기법의 효과가 더 나타날 수 있기 때문이다. 하지만 그럴 경우 책 분량이 적정 수준을 넘어서게 되어서 이후로는 꼭 필요할 경우 일부 원리에 한정해서 관련 연구를 소개하겠다.

복식 호흡의 효과는
매우 광범위하게 나타난다.
심장박동을 천천히 하고
스트레스 호르몬인 아드레날린과
코르티솔 수준을 낮춘다.
또한 수면에 도움이 되며
건강한 노화와 장수를 증진한다.

🌸.... 원리 1. 복식 호흡을 통해 '건강, 행복, 성공'을 만끽하며 살라

만약 보다 건강한 삶을 위해 단 하나의 조언을 한다면,
단지 호흡을 제대로 하는 법을 배우는 것이다.

-앤드류 웨일(Andrew Weil)-

> 우리는 모두 매일 호흡하며 살고 있다. 그 결과 '호흡이 뭐 그리 대단한 기법인가?'라고 의문을 갖는 사람이 많다. 하지만 복식 호흡을 실제로 해 보면 인생이 달라진다. 우리는 평소 가슴 중심의 얕은 호흡을한다. 대신 복식 호흡을 통해 깊은 호흡을 하면, 여기에 건강, 행복, 성공, 스트레스 관리, 분노 관리의 비결이 있다. 이번 기회에 꼭 체험해볼 것을 기원한다.

나는 국선도를 몇 개월 배운 적이 있다. 이 과정에서 두 가지 흥미로운 경험을 했다. 내가 참여했던 대구의 국선도 도장 사람들은 하나같이 몸이 아파서 국선도를 시작하고 있었다(나처럼 건강한 상태에서 참여한 사람이 없었다). 그런데 놀랍게도 약 6개월 만에 거의 모든 병이 기적같이 사라졌다. 그 가운데는 중병으로 고생하고 있던 사람들도 꽤 있었다. 두 번째 흥미로운 경

험은 수면과 관련된다. 나는 청소년 시절부터 지금까지 올빼미형으로 살고 있다. 그런데 국선도 도장에 참석하기 위해서는 새벽에 가야 했다. 그 결과 4~5시간 정도밖에 잠을 잘 수 없었다. 흥미로운 사실은 평소보다 적은 수면에도 불구하고 몸이 더욱 상쾌한 상태를 유지했다는 점이다.

국내 대학 교수로 재직할 때 국제학회를 개최하면서 미국, 캐나다, 중국, 일본 학자를 초청했다. 이때 지도교수 부부를 초청했다[지도교수인 짐 에버릴(Jim Averill)이 심장우회 수술을, 그리고 부인인 쥬디(Judy)가 유방암 수술을 했기 때문에 특별히 함께 초청했다]. 하루는 초청 학자들과 점심식사를 하는 동안 우연히 호흡에 관한 주제로 이야기가 전개되었다. 이때 쥬디가 흥미로운 이야기를 털어놓았다. 그녀는 원래 독일어 교사로 재직 중이었는데, 보통 때도 늘 피곤에 지친 상태였다. 그런데 유방암 수술 후 건강을 위해 복식 호흡을 생활화하자 피곤이 사라져서 요즘은 수술 이전보다 더 건강하게 살고 있다는 것이다. 호흡과 관련해서 수많은 직간접 경험이 있지만 여기서는 이 정도만 소개하는 것이 좋겠다.

스트레스 상황이 발생하면 재빨리 눈을 감고 호흡에 집중해 보라. 복식 호흡이 몸에 체득되기 전에는 머리로는 이해되지만 호흡에 집중하지 못하거나, 호흡을 하면서도 계속 스트레스 상황을 생각할 수 있다. 그 결과, 스트레스가 3분 이상 지속될 수도 있다. 하지만 모든 것이 그러하듯 꾸준히 실습하다 보면, 3분

이 아니라 90초 안에 스트레스에서 벗어날 수 있다(서론에서 소개했던 분노 관리 강사는 '복식 호흡'을 통해서 90초 안에 스트레스에서 벗어날 수 있었다).

복식 호흡 경험이 없는 독자들은 먼저 부록 3을 본 후 기법 1을 살펴보기 바란다.

기법 1 '복식 호흡'을 생활화하면서 건강, 행복, 성공을 만끽하라

멈추라

스트레스 상황에서 하던 일을 멈추라. 이때 눈을 감고 호흡에 집중하라.

생각하라

① 유용성을 생각하라. 지금 스트레스와 관련된 생각이 나에게 도움이 되는가? 다시 말해서 어떤 선택이 나에게 유용한가? '스트레스'인가? 아니면 '건강, 행복, 성공'인가? (필요할 경우 주체성을 점검해 보아도 좋다.) 만약 '건강, 행복, 성공'을 선택한다면 ② '복식 호흡……. 복식 호흡……. 복식 호흡'에 초점을 두라.

실행하라

본격적으로 복식 호흡을 실행하라.

① 눈을 감고 허리를 편 상태에서 호흡하라. 양손은 무릎 위에 가볍게 올려놓으면 된다. 모든 것에서 벗어나서 호흡에 집중하라. 모든 의식을 들숨과 날숨에 집중하라.

② 마음속으로 "편하다" "좋다"와 함께 호흡하라. 어느 정도 복식 호흡이 이루어지면, 숨을 내쉴 때마다 마음속으로 '편하다' 또는 '좋다'를 읊조리면 더 좋다.

③ 잡념이 떠오르면 재빨리 신체 부위 또는 단어에 초점을 맞추라. 만약 호흡하는 동안 잡념(특히 스트레스에 관한 생각)이 떠오르면 특정한 신체 부위(예: 단전)나 특정한 단어(예: 편하다)에 다시 초점을 두면서 호흡에 집중하면 된다. 이처럼 복식 호흡에 집중하다 보면 90초 안에 스트레스에서 벗어나게 된다.

④ 호흡을 마치면 상쾌한 기분으로 눈을 뜨라. 복식 호흡을 마칠 때는 마음속으로 '하나, 둘, 셋'을 센 후, 상쾌한 기분으로 눈을 뜨라.

기법 2 '숫자 세기 호흡'의 빠른 효과를 체험해 보라

복식 호흡은 정말로 좋은 기법이다. 하지만 초심자들의 경우 복식 호흡을 하면서도 스트레스 상황을 자꾸만 떠올리게 된다. 그 결과, 복식 호흡의 효과가 사라진다. 이럴 경우에는 '숫자 세기 호흡'이 매우 효과적이다. 왜냐하면 '숫자'를 세는 데 집중하다 보면 자연스럽게 잡념에서 벗어나면서 호흡에 집중할 수 있기 때문이다. 이처럼 숫자 세기 호흡을 실시하면 문자 그대로 90초 안에 스트레스에서 벗어날 수 있으므로 이 기법 또한 활용해 보길 바란다.

멈추라

스트레스 상황에서 하던 일을 멈추라. 그리고 눈을 감고 호흡에 집중하라.

생각하라

① 유용성을 생각하라. 이번에도 스트레스에 관해 떠오르는 생각이 '유용한가?'를 생각해 보라. 다시 말해서 '스트레스'를 선택할 것인가? 아니면 '건강, 행복, 성공'을 선택할 것인가? 만약 '건강, 행복, 성공'을 선택한다면 ② '숫자 세기……. 숫자 세기……. 숫자 세기'에 초점을 두라.

실행하라

이제 본격적으로 숫자 세기 호흡을 실행해 보라.

① 눈을 감고 허리를 편 상태에서 호흡하라. 눈을 감고, 허리를
   펴고, 양손을 무릎 위에 가볍게 올려놓으라. 눈을 감고 다
   음과 같이 숫자를 세면서 호흡하라.

② 3-6 호흡을 실시하라. 숨을 들이마시면 '하나, 둘, 셋'을 세
   라. 그리고 숨을 내쉬면서 '하나, 둘……, 여섯'을 세라. 만
   약 '여섯'을 세기가 불편하면 '다섯'까지 세어도 좋다.

③ 숫자 세기에 초점을 맞추라. 이때 굳이 복식 호흡에 신경 쓰
   지 않아도 좋다. 특히 초심자의 경우 복식 호흡과 숫자 세
   기를 동시에 하기 어렵기 때문에 오직 들숨과 날숨에 맞추
   어서 숫자를 세면 된다(물론 이미 복식 호흡에 숙달된 사람이
   라면 아랫배에 초점을 두면서 숫자를 세어도 좋다).

④ 호흡을 마치면 상쾌한 기분으로 눈을 뜨라. 마음이 안정되면
   마음속으로 '하나, 둘, 셋'을 센 후, 상쾌한 기분으로 눈을
   뜨면 된다.

인용문에서 소개한 애리조나대학교의 앤드류 웨일 박사는 대
체보완의학 분야의 선구자로서 건강한 삶을 위해 '4-7-8 호흡
법'을 강조한다.[3] 하지만 나는 초심자들이 불편할 수 있어서 이

제3장 전반적 수준: 이완하며 살라

기법을 강조하지 않는다. 참고로 4-7-8 호흡이란 ① 배를 부풀리며 4초간 코로 숨을 들이마시고, ② 7초간 숨을 참은 후, ③ 배를 안으로 들이밀면서 8초간 입으로 숨을 내쉬는 방법이다.

복식 호흡은 스트레스 관리뿐 아니라 분노 관리, 그리고 건강, 행복, 성공에서도 최고의 방법이다. 이런 연유로 세계적인 기업가를 비롯해 수많은 사람이 바쁜 삶 속에서도 복식 호흡에 열중하고 있다. 이 책을 읽는 분들도 이번 기회에 복식 호흡을 체득하면서 새로운 인생의 전환점이 될 수 있기를 기원한다.

복식 호흡은 스트레스 관리뿐 아니라
분노 관리, 그리고
건강, 행복, 성공에서도
최고의 방법이다.

원리 1. 복식 호흡을 통해 '건강, 행복, 성공'을 만끽하며 살라

원리 2. 심상법을 활용해서 순간 이동하라

무엇이 우리의 상상과 사고를 지배하는가에 따라
우리의 삶과 성격을 결정할 것이다.
－랄프 왈도 에머슨(Ralph Waldo Emerson)－

아마 독자 가운데는 심상법을 잘 모르거나 알더라도 생활 속에서 심상법을 잘 활용하지 못하고 있을 가능성이 있다. 하지만 심상법의 놀라운 효과를 이번 기회에 체험해 보기를 진심으로 기원한다. 왜냐하면 앞에서 복식 호흡을 강조했지만 '3분' 스트레스 관리에 더 효과적인 원리는 심상법이기 때문이다. 심상법을 활용하면 문자 그대로 스트레스에서 '순간 이동'할 수 있게 된다. 다시 말하면 생생한 심상을 떠올리는 순간 스트레스에서 쉽게 벗어날 수 있다. 그것도 단 3초 안에.

나는 도보 여행을 즐긴다. 대학교에 다닐 때 경주에서 울산까지 걸으면서 경험했던 기억은 지금도 생생하다. 한 초등학교 근처에서 냇가에 발을 담그고, 운동장에서 축구하는 모습을 보면서 맛있는 점심(식은 밥, 대구포, 고추장이 전부)을 먹던 추억, 울산시 10km 전방에서 울산 정유 공장 굴뚝을 보던 장면, 그 당시 1차 편도 도로의 정겨운 모습 등. 그 이후 어머님의 걱정으로 도보 여행을 중단했지만 최근 서울에서 평택까지 도보 여행을 했다(아쉽게도 평택 이후 구간에서 1번 국도의 보도가 사라져서 안전 문제로 중단했다). 이곳 강릉으로 내려온 후에도 동해시까지 도보 여행을 시작했으며, 조만간 부산까지 걸을 예정이다(사실 나이도 있고, 최근 요추를 다쳐서 지금도 허리가 아픈 나로서는 다소 무리한 여행일 수도 있다). 어쨌든 도보 여행을 즐겨서일까? 무언가 힘들 때 나도 모르게 도보 여행을 하면서 즐거웠던 장면이 저절로 떠오른다. 그리고 그 순간 스트레스는 사라진다. 어느 정도 안에. 3초 안에.

심상법이 정말로 효과가 있을까?

심상법에 관한 흥미로운 연구가 있다. 하버드대학교 의과대학 교수인 파스쿠얼-레온(Pascual-Leone) 박사와 그의 동료들(1995)이 수행한 연구이다.[4] 이 연구는 두 개로 구성되어 있는데 종합하면 다음과 같다. 첫 번째 집단에게는 특정한 손가락을 사용해서 하루에 20분씩 5일간 피아노를 치도록 지시했다. 두 번째 집단은 동일한 조건이지만 특정한 손가락을 사용하지 않고 피험자가 원하는 대로 치도록 허락했다. 세 번째 집단은 피아노를 실제로 치는 대신 피아노 치는 모습을 상상하도록 지시했다. 그리고 마지막 집단은 동일한 기간 동안 다른 과제를 하도록 지시했다.

원리 2. 심상법을 활용해서 순간 이동하라

그 후, 손가락과 연관 있는 뇌 부위에 변화가 있는가를 살펴보았다. 그 결과, 첫 번째 집단에서 실제로 뇌에 변화가 나타났다. 두 번째 집단에서는? 변화가 없었다. 세 번째 집단에서는? 이 정도 말씀드리면 어떤 결과가 나타났는지 짐작 가는 독자도 있을 것이다. 맞다. 세 번째 집단에서도 첫 번째 집단보다는 약간 적지만 유사하게 뇌에서 변화가 나타났다. 물론 마지막 집단에서는 변화가 없었다. 이 연구에서 보듯이 심상은 단지 머릿속 상상에 그치지 않고 실질적으로 뇌의 변화를 발생한다.

칼 사이몬톤(O. Carl Simonton) 박사는 심상법을 활용해서 암을 치료했으며,[5] 제럴드 엡슈타인(Gerald Epstein) 박사 역시 다양한 질병을 심상법으로 치료한 바 있다.[6] 이처럼 심상은 실제로 생리적 변화를 일으키면서 다양한 질병을 치료할 수 있는 강력한 효과가 있다.

생생한 5감 경험

심상법을 소개하기 전에 한 가지 강조할 점이 있다. 심상법이 효과적으로 나타나기 위해서는 가능한 한 '생생하게 5감 경험'을 할수록 좋다. 특히 시각과 청각 경험이 중요하며, 촉각도 느껴 보는 것이 좋다. 반면에 후각과 미각은 심상에 따라서 체험될 수도 있고 그렇지 않을 수도 있다. 예를 들어, 가족 또는 친구와 함께 외국을 여행하면서 식사하던 심상이라면 후각과 미각도 포함될 수 있다. 반면 다른 심상에서는 후각과 미각에 대한 생생한 체험이 어려울 수도 있다. 중요한 점은 자신이 선택한 심상에서 볼 수 있는 시각 체험, 들을 수 있는 청각 체험, 그리고 촉각 체험을 생생하게 다시 경험해 볼수록 효과가 있다. 이처럼 단지 머리로 상상하는 것이 아니라 그 장면에서 경험할 수 있는 '생생한 5감 체험/3감 체험'을 느껴 볼수록 심상법의 효과가 있다는 점을 꼭 기억하면 좋겠다(심상법의 경우에도 부록 4를 먼저 살펴본 후 기법 3을 보는 것이 좋다).

기법 3 '행복 심상'을 활용해 스트레스로부터 순간 이동 하라

잠시 지금까지 살면서 행복했던 상황 가운데 한 가지를 선택해 보라. 이때 마치 시험을 보듯이 '최고'의 행복 심상을 선택할 필요는 없다. 다만 지금 떠오르는 행복했던 심상을 한 가지 떠올리면 된다. 이때 애증이 복합적으로 섞인 '사랑' 같은 심상보다는 단순하게 행복했던 심상(예: 아이 출산, 집 장만, 수상, 합격, 여행 등)이 좋다(그리고 나중에 행복 심상을 바꾸어도 좋다).

 멈추라

스트레스 상황에서 하던 일을 멈추라.

생각하라

① 유용성을 생각하라. 어떤 선택이 나에게 유용한가? '스트레스'인가? 아니면 '행복'인가? 만약 '행복'을 선택한다면 ② '행복 심상……, 행복 심상……, 행복 심상'에 초점을 두라.

실행하라

이제 본격적으로 행복 심상을 실행해 보라.

① 행복했던 심상을 떠올려 보라. 행복했던 장면에서 경험할 수 있는 시각적, 청각적 체험을 가능한 대로 생생하게 다시 한 번 느껴 보라(가능하면 촉각 등도 생생하게 느껴 보아도 좋다).
② 잡념이 떠오르면 재빨리 '행복 심상'과 관련한 '특정 단어'에 초점을 두라. 만약 잡생각이 떠오르면, 마음속으로 행복 심상과 관련한 '단어'(예: '파리 여행')에 초점을 두면서 자신이 선택한 심상으로 돌아오면 된다.
③ 심상을 마치면 상쾌한 기분으로 눈을 떠라. 행복 심상이 충분하게 체험되면 마음속으로 '하나, 둘, 셋'을 센 후 상쾌한 기분으로 눈을 뜨면 된다(마지막 숫자 '셋'을 센 후에 상쾌한 상태로 눈을 뜬다고 생각하면서 마무리하면 된다).

기법 4 '편안한 장소 심상'의 효과를 체득하라

지금까지 살면서 가장 '편안했던 장소' 또는 현재 '편안한 장소' 한 가지를 선택해 보라. 이때 시험 보듯이 '최고'의 편안한 장소 심상을 선택할 필요는 없다. 다만 지금 생각나는 가장 편안한 장소 한 가지 심상을 떠올리면 된다(그리고 나중에 다른 편안한 장소 심상으로 바꾸어도 좋다).

멈추라

스트레스 상황에서 하던 일을 멈추라.

생각하라

① 유용성을 생각하라. 어떤 선택이 나에게 유용한가? '스트레스'인가? 아니면 '편안함'인가? 만약 '편안함'을 선택한다면 ② '편안한 장소……, 편안한 장소……, 편안한 장소'에 초점을 두라.

실행하라

이제 본격적으로 편안한 장소 심상을 실행해 보라.

① 편안한 장소 심상을 떠올려 보라. 내가 선택한 '편안한' 장소

에서 경험할 수 있는 시각적, 청각적 체험을 가능한 한 생생하게 다시 한번 느껴 보라(필요할 경우 촉각 경험 등도 다시 한번 느껴 보아도 좋다).

② 잡념이 떠오르면 재빨리 '편안한 장소 심상'과 관련한 '특정 단어'에 초점을 두라. 만약 잡생각이 떠오르면, 마음속으로 편안한 장소 심상과 관련한 '특정한 단어'(예: 해변, 숲속, 안방, 침대)에 초점을 두면서 자신이 선택한 심상으로 돌아오면 된다.

③ 심상을 마치면 상쾌한 기분으로 눈을 뜨라. 편안한 장소 심상과 함께 충분히 이완되면 마음속으로 '하나, 둘, 셋'을 센 후 눈을 뜨면 된다(마지막 숫자 '셋'을 센 후에 상쾌한 상태로 눈을 뜬다고 생각하면서 마무리하면 된다).

위에서 다른 기법과 마찬가지로 세 단계로 나누어서 소개했다. 하지만 이러한 구분은 일반적인 적용을 위해서 소개했을 뿐이다. '행복 심상'의 장점 가운데 하나는 '효과 있는 행복 심상'을 떠올리기만 하면 스트레스에서 순간적으로 벗어날 수 있다는 것이다. 앞에서 언급했듯이 나는 도보 여행만 생각해도 스트레스에서 곧 벗어나곤 한다. 이처럼 '실행하라' 단계만 적용하더라도 효과가 곧 나타날 수 있다. 3분이나 90초가 아니라, 10초 또는 3초 안에도 스트레스에서 벗어날 수 있게 된다(한편, '편안한 장소 심상'은 꾸준한 반복 실습이 중요하다. 그러면 '김치'라는 단어만 생각하더라도 곧바로 입에 침이 고이듯이 편안한 장소를 생각하기만 하더라도 몸과 마음이 편해질 수 있다. 이 경우에도 굳이 3단계로 접근하지 않아도 되며, '편안한 장소'에서 경험할 수 있는 감각 체험을 생생하게 재경험하면 효과가 더 있다).

다른 기법도 처음에는 연습을 위해서 '멈추고, 생각하고, 실행하라'로 접근하지만, 어느 정도 익숙해지면 마지막 단계인 '실행하라'로 귀결된다. 마치 일상생활에서 아침에 일어나서 잠자리에 들기까지 수많은 실행(양치질, 세수, 식사)이 순간적으로 이루어지는 것과 같다. 다만 '3분 스트레스 관리' 습관이 자동적으로 몸에 배기 전에는 3단계로 접근하는 것이 효과적이다.

자신이 선택한 심상에서
볼 수 있는 시각 체험,
들을 수 있는 청각 체험,
그리고 촉각 체험을 생생하게
다시 경험해 볼수록 효과가 있다.

원리 2. 심상법을 활용해서 순간 이동하라

🌹.... 원리 3. 점진적 근육 이완법의 놀라운 효과를 체험하며 살라

> 신경증 환자뿐만 아니라 과도한 피로는
> 이완에 관한 자연적인 습관이나 능력을 상실하게 만들었다…….
> 이러한 능력이 개발되거나 새롭게 습득되어야 한다.
>
> ─에드몬드 제이콥슨(Edmond Jacobsen)─

이 책에서 소개하는 세 가지 이완법 가운데 가장 알려지지 않은 방법이 점진적 근육 이완법이다. 하지만 점진적 근육 이완법은 복식 호흡이나 심상법에 버금가는 매우 효과적인 이완법이다. 다만 이 책에서는 '불면증'과 '뒷목 통증'에 도움이 되는 방법에 초점을 두고 간략하게 소개하고자 한다. 이 기법은 즉각적으로 효과가 나타날 수 있으므로 이번 기회에 점진적 근육 이완법의 효과를 직접 체험해 볼 수 있으면 좋겠다.

대부분의 성인이라면 갑작스런 운동이나 노동 이후 근육통을 한 번 정도 경험했을 것이다. 하지만 나는 20대 이후 오랜만에 운동하거나 심한 노동 후에도 한 번도 근육통을 경험한 적이 없다. 그 비결은 바로 점진적 근육 이완법이다. 그 가운데 한 가지 경험도 역시 도보 여행과 관련이 있다. 서울에서 수원까지 도보 여행을 시작하던 날, 출발 후 약 2시간이 지나자 허리와 다리가 아파 오기 시작했다. 그래서 점진적 근육 이완법을 통해서 근육을 풀었다. 그리고 매우 늦은 밤에 겨우 경기대학교에 조금 못 미친 지점에 도달했다. 그 순간 만약 버스를 놓칠 경우, 남부 터미널에 있는 집으로 돌아가지 못하겠다는 생각이 번쩍 들었다. 사실 그 순간까지는 가능한 대로 최대한 멀리 가는 것에만 초점을 두고 있었다. 그래서 황급하게 버스를 탔다.

그 순간 떠오르는 생각. "아, 드디어 내일은 비로소 인간으로 돌아오겠구나……. 내일 아침에는 드디어 다리가 아프겠구나." 왜냐하면 갑작스럽게 버스를 타다 보니 미처 다리 근육을 풀지 못했기 때문이다. 다만 늦은 밤이라 버스 안에 손님이 별로 없었고, 버스 안이 그리 밝지 않아서 앉은 상태에서 점진적 근육 이완법을 실시했다. 그것도 다른 승객의 눈치를 보느라 몇 번만. 그리고 마지막 지하철을 타고 겨우 집에 돌아왔다. 잠자리에 들면서도 다시 한번 생각했다. "그래, 드디어 내일 아침에는 다리의 통증이 있겠구나. 뭐, 그럴 수도 있지." 그런데 그다음 날 아침. 웬걸. 다리에 통증이 전혀 없었다. 다시 한번 점진적 근육 이완법의 효과를 실감했다.

나의 절친한 친구 가운데 한 명은 나에게 분노 관리 자격 과정을 이수하고, 자신의 딸과 함께 점진적 근육 이완법을 나에게서 배운 바 있다. 원래 그 친구는 청산거사로부터 국선도를

원리 3. 점진적 근육 이완법의 놀라운 효과를 체험하며 살라

직접 배우고 청산거사를 개인적으로 잘 알고 지냈으며, 최면을 비롯해 이완법에 관해서 나보다 훨씬 뛰어난 친구였다. 그런데 하루는 택시를 타고 가던 중 공황장애를 경험하게 되었다. 그 상황에서 호흡으로는 진정되지 않았으나, 점진적 근육 이완법으로 순식간에 사라지게 되었다. 그래서 나에게 이렇게 이야기 했다. "공황장애에 점진적 근육 이완법이 신기하게 효과가 있더라. 호흡법보다 더 좋아." 사실 점진적 근육 이완법의 효과성에 관한 가장 강력한 사례는 이 기법을 개발한 에드몬드 제이콥슨 박사이다. 그는 95세로 생을 마쳤으며, 그가 장수한 비결은 바로 점진적 근육 이완법을 생활 속에서 적용했기 때문이다(그의 부인은 첫 아이 출산 과정에서 점진적 근육 이완법을 활용하기도 했다).

점진적 근육 이완법의 놀라운 효과

점진적 근육 이완법은 고혈압, 긴장성 두통, 불면증, 불안 신경증, 공포증, 강박증, 우울증, 식도 경련, 대장염, 건강 염려증, 말더듬 등에서 탁월한 효과가 있는 것으로 나타나고 있다. 하지만 나에게 가장 흥미로운 연구는 1920년대 발표된 논문들이다(Jacobson & Carlson, 1925; Tuttle, 1924; Jacobson, 1934에서 재인용).[7]

이 연구 결과들을 간략히 요약하면 다음과 같다. 정상인의 무릎을 치면 무릎이 위로 올라간다(이러한 반응은 슬개 반사이며,

만약 무릎이 올라가지 않으면 신경에 손상이 왔다고 볼 수 있다). 자, 세 가지 질문을 해 보자. ① 깊은 잠 상태에서 슬개 반사가 나타날까? ② 옅은 잠 상태에서 슬개 반사가 나타날까? ③ 깬 상태에서 점진적 근육 이완법을 실시하면 슬개 반사가 나타날까? 깊은 잠 상태에서는 슬개 반사가 나타나지 않는다. 그러나 옅은 잠 상태에서는 슬개 반사가 나타난다. 그렇다면 세 번째 조건에서는? 아마 이미 답을 짐작하실 것이다. 맞다. 비록 깨어 있는 상태이지만 점진적 근육 이완법으로 이완하면 옅은 잠보다 더 깊은 이완 상태가 되어서 슬개 반사가 나타나지 않는다. 매우 놀라운 결과가 아닌가? 이처럼 점진적 근육 이완법은 깊은 이완을 가져온다. 이러한 연구에 기초해 보면 친구가 점진적 근육 이완법을 활용해서 공황장애에서 쉽게 벗어날 수 있었다는 경험이 쉽게 이해가 간다.

점진적 근육 이완법은
고혈압, 긴장성 두통, 불면증, 불안 신경증, 공포증, 강박증, 우울증, 식도 경련, 대장염, 건강 염려증, 말더듬 등에서 탁월한 효과가 있는 것으로 나타나고 있다.

원리 3. 점진적 근육 이완법의 놀라운 효과를 체험하며 살라

점진적 근육 이완법을 처음으로 알게 된 독자들은 가능하면 부록 5에서 소개하는 점진적 근육 이완법을 먼저 살펴본 후 다음 기법들을 실시해 보기를 권유한다.

기법 5 ┃ 간편 '전신 이완법'을 활용해 숙면을 체험하라

전신 이완법은 고혈압을 비롯해서 다양한 질병에 효과가 있다. 하지만 이 책에서는 불면증에 도움이 되는 방법을 소개해 보겠다. 잠 자기 전에 이 기법을 적용하면 평소보다 잠이 쉽게 들고, 상쾌한 기분으로 깨어날 가능성이 높다. 실제로 이 방법을 사용하면 3분 안에 하품이 나온다. 그리고 이 상태에서 여러 가지 생각(특히 '걱정')을 하지 않고 편안하게 있다 보면 쉽게 잠이 든다(특히 앞에서 소개한 '복식 호흡'에 초점을 두면 어느새 잠이 들게 된다).

 멈추라

스트레스 상황에서 하던 일을 멈추라(이때 의식을 머리로부터 신체 부위에 집중하라. 현대인은 지나치게 머리 중심으로 사는 경향이 있다. 그 결과, 스트레스를 많이 경험하게 된다. 하지만 스트레스와 관련된 생각을 멈추는 것이 필요하며, 이와 관련해서 점진적 근육 이완법은 가장 좋은 방법 가운데 하나가 된다).

생각하라

① 유용성을 생각하라. 어떤 선택이 나에게 유용한가? '스트레스'인가? 아니면 '이완'인가? 만약 '이완'을 선택한다면 ② '근육 이완······, 근육 이완······, 근육 이완'에 초점을 두라.

실행하라

① 긴장 단계: 누워서 몸 전체를 긴장한다. 부록 5에서 소개한 4부위(머리에서 발끝까지)에 한꺼번에 힘을 준다. 이때 7초에서 10초 정도 실시하면서(하나부터 일곱, 또는 하나에서 열까지 세면서) 무리하지 않는 범위에서 힘을 줄수록 효과가 좋다.

② 이완 단계: 눈을 감은 상태에서 편하게 30초 정도 복식 호흡하면 된다.

③ 반복: 이와 같이 긴장과 이완을 5번 정도 반복 실시하면 된다.

④ 점진적 근육 이완을 마치면 상쾌한 기분으로 눈을 떠라. 충분히 이완되면 마음속으로 '하나, 둘, 셋'을 센 후 눈을 뜨면 된다(마지막 숫자 '셋'을 센 후에 상쾌한 상태로 눈을 뜬다고 생각하면서 마무리하면 된다).

전신 이완법을 적용하면 다양한 상황에서 도움이 된다. 앞에

원리 3. 점진적 근육 이완법의 놀라운 효과를 체험하며 살라

서 언급했듯이 심지어 공황장애에도 매우 효과적이다. 또한 피로 회복에도 도움이 된다. 다만 불면증과 관련해서 조금 더 언급하면 이 방법을 적용하더라도 3분 안에 곧바로 잠이 오지 않을 수 있다. 하지만 일반적으로 3분 안에 하품이 나오게 된다. 하품 현상은 각성 상태에서 수면 상태로 진행됨을 명확하게 알려 주는 셈이다. 그리고 지나치게 걱정하지 않는 한 어느새 잠이 들게 되고, 평소보다 숙면을 취할 수 있다.

기법 6 '국소 이완법'을 활용해 뒷목 통증에서 벗어나라

국소 이완법은 문자 그대로 신체 가운데 특정한 부위를 중심으로 점진적 근육 이완법을 실시하는 것이다. 많은 사람이 뒷목과 어깨가 아프다고 호소한다. 이러한 현상은 긴장된 자세로 지내다 보니 뒷목과 어깨가 아프게 된 셈이다. 또는 갑작스럽게 심한 노동이나 운동을 하면 특정 부위에서 근육통을 경험할 수 있다. 올해 72세인 나는 소위 오십견 현상이 나타났을 때 몇 번 국소 이완법을 실시하자 곧 사라졌다. 그리고 더 이상 오십견을 경험하지 않고 있다. 또한 최근에 잠자리에 들자 한쪽 목에서 통증이 느껴져서 두세 번 국소 이완법을 실시하자 역시 곧바로 통증이 사라졌다. 이처럼 해당 부위 중심으로 국소 이완법을 적용하면 놀라운 효과를 체험할 수 있다. 약을 복용하지 않아도, 병원에 가지 않아도 효과가 즉시 나타난다. 다만 강조할 점은 다른 의학적 원인으로 인한 통증의 경우 전문 의료진의 진단과 처방을 받는 것이 좋다(특히 혈압과 콜레스테롤이 높아서 뇌졸중 위험이 있는 분은 전문 의료진의 처방을 받기를 강조하고 싶다). 이 책에서 소개하는 원리와 기법은 독자들에게 도움을 드리기 위한 것일 뿐, 건강 주제는 원칙적으로 전문 의료진의 진단과 처방을 받기를 강력하게 권유한다(아울러 가능하면 부록 5에서 소개하는 점진적 근육 이완법을 먼저 보기를 권유한다).

멈추라

스트레스 상황에서 하던 일을 멈추라.

생각하라

① 유용성을 생각하라. 어떤 선택이 나에게 유용한가? '스트레스'인가? 아니면 '이완'을 통한 통증 완화인가? 만약 '이완'을 선택한다면 ② '뒷목……, 뒷목……, 뒷목'에 초점을 두라.

실행하라

이제 본격적으로 점진적 근육 이완법을 적용해 보라.

① 긴장 단계: 통증이 느껴지는 뒷목 부위에 힘을 준다. 이때

원리 3. 점진적 근육 이완법의 놀라운 효과를 체험하며 살라

그 부위에 7초에서 10초 정도 실시하면서(하나부터 일곱, 또
는 하나에서 열까지 세면서) 무리하지 않는 범위에서 힘을 줄
수록 효과가 좋다.

② 이완 단계: 이제 눈을 감고 30초 정도 복식 호흡한다(선 자
세에서 이 동작을 실시하는 경우에는 어깨 넓이로 양발을 벌린
자세로 호흡을 실시하면 된다).

③ 반복: 이와 같이 긴장과 이완을 5번 정도 반복 실시하면
된다.

④ 점진적 근육 이완을 마치면 상쾌한 기분으로 눈을 뜨라. 충분
히 이완되면 마음속으로 '하나, 둘, 셋'을 센 후 눈을 뜨면
된다(마지막 숫자 '셋'을 센 후에 상쾌한 상태로 눈을 뜬다고 생
각하면서 마무리하면 된다).

다시 한번 강조하지만 점진적 근육 이완법을 실시하면 그
효과에 깜짝 놀라게 된다. 다만 이 방법을 글로 소개하고 있
기 때문에 필요한 정보가 제한적으로만 전달되어서 매우 아쉽
다. 만약 추가 정보가 필요한 독자는 국제스트레스관리협회
(International Stress Management Association: aceful.co.kr)에서 실
시하는 다양한 '클럽'에 참여하여 이완 효과를 충분히 체험하면
서 스트레스에서 벗어나 '건강, 행복, 성공'의 삶을 살면 좋겠다.

이제 전반적 수준에서 소개한 주제들을 요약해 보자.

① 생명이 있는 한 누구나 호흡하며 산다. 하지만 보다 깊은
호흡을 통해 새로운 차원의 삶을 체험할 수 있으면 좋겠다.
실제로 스트레스 상황에서 호흡에 집중하면 적어도 90초
안에 스트레스에서 벗어날 수 있다. 뿐만 아니라 복식 호흡
은 분노 관리에도 도움이 되며, 더 나아가 건강, 행복, 성공
에도 매우 효과적인 기법이 된다.

② 심상법은 호흡에 비해서 덜 알려져 있다. 하지만 3분 스트
레스와 관련해서는 심상법이 더 효과적인 방법이라고 볼
수 있다. 특히 자신이 가장 행복했던 심상을 제대로 선택
할 경우, 불과 3초 안에 스트레스에서 벗어날 수 있다. 아
울러 편안한 장소 심상을 활용하면 스트레스 상황에서도
편안한 이완을 쉽게 경험할 수 있다. 다만 '편안한 장소 심
상'은 꾸준한 연습이 필요하다.

③ 점진적 근육 이완법은 실로 놀라운 이완법이다. 이 기법은
내가 성균관대학교 수원 캠퍼스에 학생 생활 연구소를 새
롭게 만들던 시절 알게 되었다. 한 내담자가 '매우 놀라운
기법'이라고 말했던 기법이 바로 이 기법이다. 특히 자신
의 의도대로 근육을 조절할 수 있기 때문에 호흡법이나 심

77

상법에 비해 누구나 배울 수 있고, 누구나 빠른 효과를 경험할 수 있다. 따라서 이 책을 읽는 독자들도 적극 활용할 수 있으면 좋겠다.

전반적 수준에서 세 가지 원리에 관한 여섯 가지 기법을 소개했다. 앞에서 언급했듯이 개인의 경험과 상황에 따라서 효과가 다르게 나타나기 쉽다. 하지만 가능하면 각 원리에서 최소한 한 가지 기법을 충분히 실습하면서 스트레스에서 벗어나 '건강, 행복, 성공'의 삶을 누릴 수 있길 바란다. 아울러 필요할 경우, 부록을 다시 한번 살펴보라. 각 단계별로 유의할 점을 충분히 이해하면 보다 효과적인 체험을 하기 쉽다. 다시 한번 강조하면 '누구나 3분 스트레스 관리가 가능하다!' 단, 각 단계를 제대로 실행하면.

이제 전반적 수준에서 소개한 이완법을 통해 '3분 스트레스 관리'를 만끽하면서 '신체적 수준'에 관한 커튼을 열어 보도록 하자.

제**4**장

신체적 수준: 활력 있는 삶을 살라

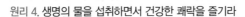

네 몸을 잘 간수하라. 네가 살아가야 할 유일한 곳이다.

−짐 론(Jim Rohn)−

신체적 수준에서 우리에게 주어진 과업(task)은 생존(生存)이다. 만약 우리가 생존하지 못하면 이 지구상에서 삶은 끝이다. 생존을 위해서 우리 모두는 생리 욕구(Physiology Need)를 갖고 태어난다. 예컨대, 생존을 위해서는 적절한 수분이 필요하다. 그런데 짠 음식을 먹으면 수분이 줄어들면서 자신도 모르게 물을 찾는다. 마찬가지로 적절한 혈당이 필요한데 혈당이 떨어지면 음식을 섭취하려는 욕구를 느낀다. 체온 등과 관련해서도 우리는 생존을 위한 생리 욕구가 있다.

그렇다면 신체적 수준에서 스트레스란 무엇일까? 수분이 부족할 때 목이 마르다. 혈당이 떨어질 때 배가 고프고, 기온이 체온보다 낮거나 높은 상황에서 떨리거나 땀이 난다. 모두 생리 욕구가 만족되지 못할 때 경험하는 신체적 스트레스다.

생존과 관련해서 핵심적인 주제는 식사, 운동, 수면이다. 하지만 이 책의 목적인 '3분 스트레스 관리'를 위해서 수면 대신 음악을 다룬다(참고로 수면은 『스트레스에서 벗어나 천수 건강을 누리는 법』에서 소개한다).

신체적 수준에서 소개하는 원리와 기법은 다른 수준에 비해 매우 단순하다. 아마 일부 독자는 신체적 수준에서 소개하는 원리와 기법에 대해 시시하게(?) 생각할지도 모르겠다. 하지만 신체적 수준에서 다룰 주제는 우리의 삶에서 가장 기초가 된다. 나는 강의할 때 종종 이렇게 표현한다. "설사 IQ가 200 이상이고, 200억 원 이상을 가진 부자이며, 대통령에 버금가는 권력을 갖고, 신앙생활을 열심히 하더라도, 자기 몸 관리 못하면……. 그 결과는 병들어 죽는다." 앞에서 소개한 짐 론(Jim Rohn)의 말을 유념하면서 신체적 수준에서 소개하는 스트레스 관리 기법들을 잘 터득할 수 있기를 기원한다.

제4장 신체적 수준: 활력 있는 삶을 살라

🌿.... 원리 4. 생명의 물을 섭취하면서 건강한 쾌락을 즐기라

> 물은 생명의 물질이자 매트릭스요, 어머니이자 도구이다.
>
> 물 없이는 생명도 없다.
>
> —앨버트 센트죄르지(Albert Szent-Gyorgyi)—

우리는 물의 중요성을 잘 알고 있다. 그런데 물은 스트레스 관리에서도 매우 효과적인 기법이 된다. 아마 이 원리를 보면서 많은 독자가 너무 간단해서 스쳐 지나갈 가능성도 있으리라. 하지만 원래 진리는 평범한 법이다. 신체적 수준에서 소개하는 내용은 간단하지만 매우 효과적인 원리이며 기법임을 꼭 기억하고 생활 속에서 실천할 수 있으면 좋겠다. 참고로 이 책에서 소개하지 못하지만 『Blue Mind』라는 책을 보면 물을 통해서 외상후스트레스장애가 경감되는 등 놀라운 과학적 연구가 소개되어 있다.[1] 이처럼 물은 우리에게 생명의 근원일 뿐 아니라 매우 효과적인 스트레스 관리가 될 수 있다. 다만 그러한 사실을 믿고 실천하는가, 아니면 무시하는가에 따라 효과는 달라진다.

혹시 세상에서 가장 맛있는 물을 알고 있는가? 아마 독자들은 에비앙, 오색 약수 등을 떠올릴 것으로 짐작된다. 나는 1973년에 대한민국 남성에게 부여된 신성하면서도 값진 군대 생활을 위해서 논산 훈련소에 입소했다. 그런데 하루는 설사를 하기 시작했다. 원래 약을 먹지 않는 습관일 뿐 아니라, 설사약을 구하는 것이 구차해서 그냥 음식을 끊었다. 하루 반 이상을 굶자 상태가 좋아졌으며, 무엇보다 먼저 식수대로 달려갔다. 그 당시 논산 훈련소에 있던 식수대는(지금도 동일할지 모르겠지만) 수십 개의 수도꼭지가 달려 있는 평범한 식수대였다. 이와 같은 평범한 물이지만, 물을 먹는 순간 어찌나 단지. 나는 지금까지 살면서 그렇게 단 물을 체험해 보지 못하고 있다. 아마 물을 섭취하지 못하자 몸 안의 세포가 스트레스 속에서 살려 달라고 아우성쳤는지도 모르겠다. 요점은 물이 절대적으로 필요하기 때문에 하루 반 정도만 물을 섭취하지 못해도 우리 몸은 심각한 스트레스를 경험하게 된다는 사실이다. 반면에 물을 공급해 주면 세포는 기뻐서 춤을 추게 된다.

시원한 물의 효과는 일상의 지혜에서도 볼 수 있다. 스트레스로 인해 정신없는 사람에게 주위 사람들은 이렇게 권한다. "우선 냉수 마시고 진정해."

제4장 신체적 수준: 활력 있는 삶을 살라

기법 7 시원한 물을 음미하며 즐기라

멈추라

스트레스 상황에서 하던 일과 생각을 멈추라.

생각하라

① 유용성을 생각하라. 어떤 선택이 나에게 유용한가? '스트레스'인가? 아니면 '건강, 행복, 성공'인가? (필요할 경우 주체성—'이 생각이 누구의 생각인가?'를 점검해 보아도 좋다). 만약 '건강, 행복, 성공'을 선택한다면 ② '시원한 물……, 시원한 물……, 시원한 물'에 초점을 두라.

실행하라

이제 본격적으로 시원한 물을 즐기라.

① 감사하라. 우선 시원한 물을 마실 수 있음에 감사하라(책을 읽는 대부분 독자들은 시원한 물을 쉽게 구할 수 있을 것으로 생각된다. 하지만 전 세계적으로 시야를 넓히면 언제 어디서나 시원한 물을 마실 수 없는 사람들이 꽤 많다는 사실을 기억하라).

② 인공 음료를 피하고 자연에 가까운 물을 마셔라. 이때 인공

음료(예: 콜라, 사이다, 설탕으로 뒤범벅된 일반 주스, 스포츠음료)를 피하고 자연에 가까운 물(예: 생수, 정수된 물, 약수)을 마셔라.

③ 시원함을 몸으로 느껴 보라. 이제 눈을 감고 시원한 생명의 물이 목에서 식도로 넘어가는 것을 느껴 보라. 그리고 몸에 느껴지는 '시원한 쾌감'을 즐기라. 이때 시원한 물을 한 모금 마실 때마다 마음 속으로 "좋다" 하고 조용히 읊조리면 더 효과가 있다.

앞에서 언급한 대로 '생각하라' 단계에서 '주체성'이 생략되어 있다. 왜냐하면 일반적으로 '유용성'에 관한 질문으로 충분하기 때문이다. 하지만 때로 '주체성'에 관한 질문이 도움이 될 수 있기 때문에 설사 책에서 언급되지 않더라도 필요할 경우 언제든

물은 우리에게 생명의 근원일 뿐 아니라
매우 효과적인 스트레스 관리가 될 수 있다.
다만 그러한 사실을 믿고 실천하는가,
아니면 무시하는가에 따라 효과는 달라진다.

지 '주체성'에 관한 질문을 활용하길 바란다.

이 기법이 효과가 있으려면, '실행하라' 단계에 '집중'해야 한다. 또한 머리가 아닌 '신체'에 초점을 두어야 한다. 물에 집중한다고 생각하지만 잡념에 휩싸이다 보면 효과가 적거나 없다. 아무래도 초기에는 잡념에서 벗어나기 힘들 수 있다. 하지만 꾸준히 실습하다 보면 어느새 집중하게 된다. 따라서 처음 단계에서 100% 만족하지 않더라도 편안한 마음으로 꾸준히 실습해 보길 바란다.

기법 8 ┃ 따뜻한 커피를 마시면서 천국을 경험하라

물은 우리에게 생명의 근원이기 때문에 냉수뿐 아니라 따뜻한 커피 역시 매우 효과가 있다.

멈추라

스트레스 상황에서 하던 일과 생각을 멈추라.

생각하라

① 유용성을 생각하라. 어떤 선택이 나에게 유용한가? '스트레스'인가? 아니면 '건강, 행복, 성공'인가? 만약 후자라면 ② "따뜻한 커피……, 따뜻한 커피……, 따뜻한 커피'에 집중하라.

원리 4. 생명의 물을 섭취하면서 건강한 쾌락을 즐기라

이제 본격적으로 따뜻한 커피를 즐기라.

① 감사하라. 따뜻한 커피를 마실 수 있음에 감사하라(농부, 해, 바람, 집산지와 판매장까지의 수많은 사람의 수고 등에 감사하라). 진심 어린 마음으로 "감사합니다" 속삭여 보라.

② 커피를 충분히 음미하라. 서서히 커피를 들면서 오감을 충분히 느껴보라. 예를 들어, 커피의 독특한 색깔을 잠시 응시하면서 찬찬히 바라보라……. 커피를 잔에 따르면서 그 소리를 찬찬히 들어 보라……. 잠시 눈을 감고 커피의 향기를 향유해 보라……. 그리고 무엇보다도 따뜻한 감촉이 목으로 넘어가는 것을 느끼면서 커피의 맛을 즐겨 보라.

③ 마음속으로 읊조려라. 커피를 한 모금 마실 때마다 마음속으로 "좋다……, 좋다……, 좋다"를 되뇌이면서 커피를 즐겨 보라. 이렇게 커피를 마시면 그 순간 천국을 다녀올 수 있다.

나는 커피를 마실 때 거의 대부분 '천국'을 다녀오곤 한다. 내 경험으로는 세 모금 정도 마시면 벌써 천국에 가곤 한다(그렇게 보면 1분 안에 천국을 가게 되는 셈이다). 그런데 눈을 감고 전념해서 커피를 마실 때와 눈을 뜨고 다른 활동과 함께 마실 때 전혀 느낌이 다르다. 특히 눈을 감고, "좋다"를 읊조리는 순간 전율을 느끼곤 한다. 짐작할 수 있듯이 내가 진행하는 '3분 스트레스 관리 클럽'에서도 이 기법을 자주 소개하고 있다. 과정에 참여한 사람들도 이 기법을 통해 너무 신기한 체험을 하고 있으며, 주위 사람들에게도 적극적으로 이 기법을 소개하고 있다. 가능하면 독자들도 이 기법을 활용해서 매일 천국을 다녀올 수 있길 바란다.

커피를 마시는 사람이 많기 때문에 커피를 소개했지만, 차를 마시는 사람들은 '따뜻한 차'로 바꾸어서 실행하면 된다.

이 책의 주제는 '3분' 안에 스트레스에서 벗어나는 법을 소개하는 것이다. 하지만 일상생활에서 커피를 준비하고 마시는 시간은 3분 이상이 걸린다. 그렇다면 커피를 준비하는 과정에도 전념하는 것이 좋다. 예를 들어, 커피 포트 등을 가지러 가는 과정, (커피 포트) 뚜껑을 여는 과정, 물을 붓는 과정, 그리고 커피 잔에 물을 붓는 과정 등에 전념하게 되면, 심지어 커피를 마시기 전에 이미 스트레스가 사라질 수 있다. 또한 일반적으로 3분 이상 커피를 마시게 되는데, 전체 시간 가운데 3분 안에 스트레스에서 벗어나고, 나머지 시간은 커피를 마시면서 행복을 만끽한다고 생각해 보면 어떨까? 사실 이 책의 궁극적인 목적은 단순히 '3분' 안에 스트레스에서 벗어나는 것이 아니라 건강, 행복, 성공의 삶을 살 수 있도록 돕는 데 있다.

원리 4. 생명의 물을 섭취하면서 건강한 쾌락을 즐기라

일반적으로 3분 이상 커피를 마시게 되는데,

전체 시간 가운데 3분 안에 스트레스에서 벗어나고,

나머지 시간은 커피를 통해 행복을 만끽한다고 생각해 보면 어떨까?

제4장 신체적 수준: 활력 있는 삶을 살라

🌹....원리 5. 걸으면서 즐기라

어떤 사물—심지어 잔디의 한 부분—에 주의를 기울이는 순간,
신비롭고 경탄스럽고, 뭐라고 말로 표현할 수 없는
장엄한 세계 그 자체가 펼쳐진다.

－헨리 밀러(Henry V. Miller)－

요즘 걷기가 유행이다. 수십 년 이상 걷기를 강조하고 실천하고 있는
건강심리학자로서 매우 기쁜 현상이다. 다만 아쉬운 점은 걸으면서 즐
길 수 있는 환경임에도 불구하고 많은 사람이 그저 걷기에만 열심인
것처럼 보인다. 오늘부터는 걸으면서 주위 풍경을 만끽하면 스트레스
에서 곧바로 벗어나면서 행복도 만끽할 수 있다.

　미국에서 생활할 때 우리 집은 주택 단지이자 안전한 지역
에 위치하고 있었다. 걷기를 좋아하는 나는 심지어 새벽 2시에
도 걷곤 했다. 그런데 어느 날 오후 집 근처를 찬찬히 살펴보면
서 걸었다. 그러자 거의 매일 걷던 길이었음에도 새로운 세계
를 발견하게 되었다. 나무, 꽃, 자그마한 돌멩이, 하늘에 뜬 구
름……. 그날 걸으면서 또 다른 천국을 다녀왔다. 왜냐하면 흥
미롭고 아름다운 세상을 새롭게 보게 되었기 때문이다.

이 원리는 걷기가 기초가 된다. 스트레스 상황에서 걷다 보면 마음이 정리된다. 하지만 단순히 걷는 대신 주위 풍경을 즐기면서 걸으면 스트레스가 보다 빨리 사라진다. 특히 자연환경에서 새로운 눈으로 사물을 보면서 걸으면 스트레스에서 벗어나 행복도 체험할 수 있다.

참고로, 앞에서 물의 중요성을 소개한 바 있지만, 섭취한 물이 몸 구석구석에 전달되기 위해서는 움직여 주어야 한다.[2] 따라서 걷기를 비롯한 운동 효과 가운데 하나는 생명의 물이 신체 구석구석까지 흡수되면서 상쾌함이 온몸에 확산된다는 점이다 (비록 이곳에서 소개하지 못하지만 '춤 추기'와 같은 몸의 움직임은 매우 효과적인 스트레스 관리가 된다).

기법 9 걸으면서 즐기라

멈추라

스트레스 상황에서 하던 일을 멈추라. 그리고 밖으로 나가라.

생각하라

① 유용성을 생각하라. 어떤 선택이 나에게 유용한가? '스트레스'인가? 아니면 '건강, 행복, 성공'인가? 후자라면 ② '걸으면서 즐기자……, 걸으면서 즐기자……, 걸으면서 즐기자'에 초점을 두라.

실행하라

이제 본격적으로 걸으면서 즐기라.

① 주위 풍경을 자세하게 살펴보라. 나무, 잡초, 길가에 피어 있는 꽃, 길 위에 자그마한 돌멩이, 건물, 지나가는 차, 가게, 사람들, 하늘에 떠 있는 구름 등을 살펴보라. 주위 사물들을 세세하게 살피다 보면 평소 잘 아는 주위 환경에서도 새로운 것들을 경험하게 된다. 이처럼 새로운 광경을 보면 스트레스는 곧 사라진다(반면에 밖에 나와서도 계속 스트레스 상황을 생각하면 스트레스는 사라지지 않고 내 안에서 '윙윙' 소음으로 지속된다).

② 주위 사물과 대화해 보라. 주위 사물과 대화해 보라. "나무야, 너는 몇 살이니?" "돌멩이야, 너는 어디서 왔니?" "구름아, 오늘은 어떤 모습을 보여 줄 거니?" 이러한 활동을 우습게 생각하는 독자도 있겠지만, 상상 놀이는 즐거움을 경험할 수 있는 가장 경제적이고 효과적인 방법 가운데 하나다. 달리 말해서 상상은 스트레스를 곧 사라지게 한다.

③ 주위 사물에 대해 긍정적 의미를 느껴 보라. 만약 주위 사물과의 대화가 어색하다면 긍정적인 의미를 발견해 보라. "나무야, 산소를 만들어 주어서 고맙다." "꽃아 너로 인해 세상이 아름답구나." "구름아, 네 덕분에 비가 올 수 있겠

구나." 더 나아가 우주가 나에게 베푸는 도움을 성찰해 보라. '지금 경험하고 있는 스트레스에 비해 우주가 나에게 주는 혜택은 훨씬 엄청나다'는 점을 잠시 느껴 보라.

큰 건물에서 밖으로 나가려면 3분 이상 걸릴 수 있다. 그렇다면 3분 안에 스트레스에서 벗어날 수 없지 않은가? 그와 같은 상황이라면 건물 밖으로 이동하면서 모든 사물(예: 건물 벽의 모양, 엘리베이터 안 사람들, 엘리베이터 안 문양 등)을 세세히 집중해서 살펴보라. 그러면 익숙한 건물 내부에서도 흥미롭고 새로운 경험을 하면서 어느새 스트레스가 사라진다. 한편, 건물 밖으로 나가서 10분 이상 걸었다면 스트레스 관리(3분)와 함께 행복(나머지 시간)을 경험했다고 생각하면 어떨까? 거듭 강조하지만, 스트레스에서 '3분' 안에 벗어나 '건강, 행복, 성공'을 체험하는 것이 이 책의 궁극적인 목적이다.

만약 건물 밖으로 나갈 수 없는 상황이라면 창가로 이동해서 창밖을 보는 것도 하나의 방법이다. 다행스럽게 한국은 대부분 위치에서 산을 볼 수 있다. 따라서 창을 통해서 산을 바라만 보더라도 스트레스에서 벗어날 수 있다. 이처럼 가능하다면 자연의 아름다움을 만끽하는 것이 좋다. 그뿐인가? 나무, 자동차, 사람, 건물, 구름……. 이와 같이 새로운 세계를 보면 스트레스에서 벗어날 뿐 아니라 즐거움을 경험할 수 있다.

차후 다른 책에서 소개할 예정이지만, 자연 풍광을 사진으로

만 보더라도 행복을 체험할 수 있으며, 건강에도 도움이 된다. 따라서 창밖을 볼 수 없는 경우, 컴퓨터 화면 등을 통해서라도 자연 풍광을 보면 스트레스에서 벗어나 행복을 체험할 수 있다.

나무, 자동차, 사람, 건물, 구름……. 이처럼 새로운 세계를 보면 스트레스에서 벗어날 뿐 아니라 즐거움을 경험할 수 있다.

﷼ ....원리 6. 음악을 통해 스트레스를 날려 보내라

음악은 가장 강력한 형태의 마술이다.

─마릴린 맨슨(Marilyn Manson)─

신체적 수준에서 가장 기본적인 기능은 감각이다. 그런데 감각을 잘 활용하면 언제 어디서나 스트레스에서 쉽게 벗어날 수 있다. 앞에서 소개한 '걸으면서 즐기라'는 '시각'과 관련된 기법이다. 비록 이 책에서 소개하지 못하지만, 마사지(촉각)나 아로마(후각)는 매우 효과적인 스트레스 관리가 된다. 또한 이미 많은 사람이 체험하고 있듯이 음식(미각)은 스트레스 상황에서 가장 많이 활용되는 방법 가운데 하나다. 다만 강조할 점은 **건강한 쾌락**과 **불건강한 쾌락**을 구분할 필요가 있다. 예를 들어 술, 담배, 마약 등은 일시적으로는 좋을 수 있으나 장기적으로는 좋지 않은 결과를 야기하는 불건강한 쾌락이다. 여기서는 지면 제약상 음악(청각)에 초점을 두어서 살펴보도록 하자.

앞에서 언급했듯이 2년 전에 강릉에서 동해(시)까지 도보 여행을 했다. 오랜만에 도보 여행을 하다 보니 필요한 것을 몇 주에 걸쳐 준비했다. 배낭, 모자, 옷, 신발, 의약품. 심지어 밤에 걸을 가능성을 생각해서 주문진까지 가서 안전봉을 장만했다.

그런데 걷기 시작한 후 2시간이 지나자 발이 아파 오기 시작했다. 나름 신발집 네 곳을 샅샅이 방문해서 가장 편한 신발을 구입했으나, 양볼이 조여 오는 단점을 미처 확인하지 못했기 때문이다. 양발 옆 통증에 신경 쓰며 걷다 보니 정강이가 아파 오고, 나중에는 발뒤축마저 심하게 아파 오기 시작했다. 묵호역 근처에 도달했을 때는 스틱에 의지한 채 한 걸음 한 걸음 겨우 걸었다. 그런데 도저히 아파서 움직일 수 없는 상태에서 마침 도로 옆에 가지런히 숲길이 나 있어 그 길로 접어들었다. 그리고 나도 모르게 노래를 부르기 시작했다. 〈하숙생〉 〈고향 무정〉 〈두만강〉……. 그러자 통증을 잊게 되면서 저녁 식사 전까지 계속해서 걸을 수 있었다……. 그날 밤에는 발뒤축이 퉁퉁 부어서 한 발짝도 디딜 수 없는 상황이 되었으나, 중요한 사실은 노래를 부르자 이 정도로 심했던 통증마저 순간적으로 사라졌다는 점이다.

힘들 때 노래가 절로 나오는 현상은 벌써 이십 년 이상 된다. 그리고 매번 노래를 부르면 스트레스가 순간 사라진다. 사실 노동가 등은 이와 비슷한 기능에서 부르는 것으로 볼 수 있다.[3]

기법 10 좋아하는 노래를 부르라

멈추라

스트레스 상황에서 하던 일을 멈추라.

생각하라

① 유용성을 생각하라. 어떤 선택이 나에게 유용한가? '스트레스'인가? 아니면 '건강, 행복, 성공'인가? 만약 후자라면 ② '노래······, 노래······, 노래'에 초점을 두라.

실행하라

본격적으로 노래를 부르면서 즐기라.

(1) 자신이 좋아하는 노래를 불러라. 사람들은 소위 '18번'이 있다. 그렇다면 스트레스 상황에서 평소에 좋아하는 '18번'을 불러 보라. 가능하면 다른 사람에게 방해되지 않는 범위에서 소리를 내어 불러 보라. 앞에서 소개했듯이 노래를 부르는 순간 스트레스는 곧 사라지게 된다. 만약 입 밖으로 노래를 부를 수 없는 경우에는 속으로 부르면 된다(소리 내어 부를 때보다 효과가 적지만 그래도 어느 정도 효과가 있다).

제4장 신체적 수준: 활력 있는 삶을 살라

② 가능하면 경쾌한 노래를 불러라. 경쾌한 음악을 듣게 되면 신이 나며, 반대로 장중한 음악은 몸과 마음을 가라앉게 한다. 따라서 스트레스 상황에서는 가능하면 경쾌한 음악을 부르는 것이 좋다.

앞에서 노래를 직접 부르는 기법을 소개했다. 하지만 노래를 듣는 것도 좋다. 100세가 넘어서도 현역 의사로 활동했던 히노하라 시게아키(田野原重明) 박사는 흥미로운 이야기를 소개하고 있다. 파킨슨병 환자에게 왈츠 음악을 들려주자, 평상시 경직되어 있던 근육이 부드러워지고 거짓말처럼 춤을 출 수 있게 되었다. 하지만 음악을 멈추자 5분 정도 지나면서 원래의 경직된 상태로 돌아갔다.[4] 이처럼 어떤 방법을 사용해서라도 음악을 활용하면 효과가 있다. 다만 효과가 나타나려면 음악에 전념해야 한

어떤 방법을 사용해서라도 음악을 활용하면 매우 효과적이다.
다만 효과가 나타나려면 음악에 전념해야 한다.

원리 6. 음악을 통해 스트레스를 날려 보내라

다. 음악을 들으면서도 스트레스를 생각하면 효과가 없다.

이제 신체적 수준에서 소개한 주제들을 요약해 보자.

① 물은 생명의 근원일 뿐 아니라 스트레스 관리에도 매우 효과적인 기법이 된다. 시원한 물이든 따뜻한 커피/차든 모두 효과적이다. 특히 대부분의 사람들이 하루에 한 잔 이상 커피를 들고 있다는 점을 고려할 때 커피를 마시면서 천국을 경험할 수 있으면 좋겠다.
② 많은 사람이 일상생활에서 걷기나 산책을 하고 있다. 하지만 단순히 걷거나 산책하는 대신 걸으면서 즐기면 3분 안에 스트레스가 쉽게 사라질 수 있다.
③ 음악은 스트레스 관리에 탁월한 효과가 있다. 특히 내 경험에 의하면 극심한 통증마저 잊게 한다.

여기서 소개하는 세 가지 주제는 일상생활에서 쉽게 적용할 수 있다. 너무 간단하다고 무시하지 말고 놀라운 효과를 체험하면서 3분 스트레스 관리를 만끽하며 살면 좋겠다.
이제 '신체적 수준'은 이 정도로 소개하고 '심리적 수준'에서 '3분 스트레스 관리'의 커튼을 열어 보도록 하자.

제4장 신체적 수준: 활력 있는 삶을 살라

제5장

심리적 수준: 주체적 삶을 살라

나는 내 운명의 주인이다. 나는 나의 영혼의 주장이다.

−윌리엄 헨리(William Ernest Henley)−

심리적 수준에서 우리에게 부여된 과업은 자존(自存)이다. 우리 각자는 서로 다른 유전자를 갖고 태어났으며, 생각도 다르고, 원하는 것도 다르다. 천상천하 유아독존(天上天下 唯我獨尊)이라는 말이 있듯이 각자는 80억 명 이상의 인구 가운데 유일한 존재이다. 현재에도, 과거에도, 미래에도 동일한 사람이 없다. 각자는 자존을 위해서 자율 욕구(Autonomy Need)를 추구한다. 그런데 자율 욕구를 위협하는 상황이 되면? 스트레스를 경험하게 된다.

자율 욕구는 양육자의 도움이 절대적으로 필요한 갓난아이 시절에는 발현되지 않는다. 하지만 자신이 걸을 수 있고 말할 수 있는 2살 정도만 되어도 자기가 원하는 것을 자율적으로 하고 싶어 한다. 이때 소위 '거절증(negativism)'이 나타나며, 아이들은 "아니야"라는 단어를 많이 사용한다. 자기가 원하는 것을 자율적으로 하겠다는 의사 표시이다. 성인은 어떨까? 당연히 자율적으로 하고 싶어 하고, 자신이 하고 싶은 일을 못하게 되면 스트레스를 경험한다. 따라서 앞에서 소개한 신체적 수준에서 생리 욕구가 충족되더라도 자신이 하고 싶은 것을 하지 못하면 스트레스를 경험한다.

심리적 수준의 중요성은 불교에서 강조하는 일체유심조(一切唯心造)나 그리스 철학자인 에픽테토스(Epictetus)의 다음과 같은 지혜에서 잘 나타나 있다. "사람은 사건들에 의해서 동요되는 것이 아니라, 사건들을 어떻게 해석하는가에 따라 혼란이 발생한다." 모든 것이 마음먹기에 달렸다고 볼 수 있다.

심리적 수준에 관한 흥미로운 연구 및 일화는 『스트레스에서 벗어나 천수 건강을 누리는 법』에서 보다 자세하게 다루기로 하고, 여기서는 두 가지만 간략하게 소개하겠다. 1962년에 일본에서 옻나무 알레르기가 있는 13명의 남자아이를 대상으로 연구가 진행되었다. 이 연구에서 왼팔에는 옻나무 잎으로 자극을 주고, 오른팔에는 알레르기를 일으키지 않는 밤나무 잎으로 자극을 준다고 알려 주었다. 그러자 연구에 참여한 13명 아이의 왼팔에서 알레르기 반응이 나타났으며, 오른팔에는 오직 2명만이 반응을 일으켰다. 하지만 실제로는 왼팔에 밤나무 잎으로, 그리고 오른팔에는 옻나무 잎으로 자극을 주었다. 실제 자극이 아닌 자신이 믿는 대로 알레르기 반응이 나타난 셈이다.[1] 또 다른 사례로 자신의 믿음 체계에서 먹지 말아야 할 음식을 먹었다는 사실을 알게 되자 24시간 안에 사망한 부두교 신자 사례도 보고된 바 있다.[2] 이러한 결과는 주위 환경의 객관적 체계보다 자신의 주관적인 믿음 체계에 따라 결과가 나타난다는 현상을 잘 보여 주고 있다.

심리적 수준의 중요성은 미국 인디언 나바호족 노래에서도 잘 나타나 있다.[3]

나는 땅끝까지 가 보았네.
물이 있는 곳 끝까지도 가 보았네.
나는 하늘 끝까지 가 보았네.
산 끝까지도 가 보았네.
나와 연결되지 않은 것은 하나도 발견할 수 없었네.

노래 가사에서 보듯이 나와 연관되지 않은 것은 하나도 없다. 신체적 수준에서 음식 섭취나 운동은 나의 선택에 달려 있다. 사회적 수준에서 누구와 관계를 맺을지, 영적 수준에서 어

떠한 영적 접근을 선택할지, 그리고 전반적 수준에서 어떤 이완
법을 실천할지는 심리적 수준에서 나의 선택에 달려 있다.

이처럼 심리적 수준에 의해 다른 수준이 선택되고 결정되기
때문에 심리적 수준에서는 전반적 수준이나 신체적 수준에 비
해 더 많은 원리를 다루게 된다. ① 스트레스 관리 마음틀을 확
립하라, ② 비교하지 말고 주체적 삶을 살라, ③ 스트레스 렌즈
대신 행복 렌즈로 보라, ④ '내부의 적'으로부터 벗어나라, ⑤ '미
래의 나'를 확립하며 살라, ⑥ 통제할 수 없는 것과 있는 것을 구
분하라. 심리적 수준에서 중요한 원리들이 더 있지만, 이에 관
해서는 차후 다른 책에서 소개하겠다. 다만 이 책에서 소개하는
여섯 가지 원리를 잘 이해하고 제대로 적용할 경우 놀라운 신세
계가 펼쳐질 수 있음을 꼭 기억하면 좋겠다. 자, 이제 심리적 수
준의 커튼을 열어 보도록 하자.

우리에게 부여된 과업은 자존(自存)이다.

현재에도, 과거에도, 미래에도

동일한 사람이 없다.

각자는 자존을 위해서 자율 욕구를 추구한다.

🌼.... 원리 7. 스트레스 관리 마음틀을 확립하라

만약 상황을 실제로 규정하면, 그 결과가 실제로 나타난다.

-윌리엄 토마스(William Thomas)-

스트레스가 나쁘다고 생각하는가? 아니면 성장에 도움이 된다고 생각
하는가? 스트레스를 잘 관리할 수 있다고 생각하는가? 아니면 관리하
기 어렵다고 생각하는가? 다른 주제들과 마찬가지로 스트레스 관리도
마음먹기에 달려 있다. 사실 스트레스 관리 마음틀은 이 책에서 소개
하는 다른 원리들보다 가장 근원적으로 중요한 원리가 된다. **왜냐하면
내가 믿는 대로 결과가 나타나기 때문이다.**

한국 사람에게 영어는 쉽지 않은 외국어다. 나 역시 수십 년
이상 영어를 사용하고, 영어 강의도 한 적이 있으나 마음대로
되지 않고 있다. 특히 2011년에 다시 귀국한 후 발음도 나빠지
고 영어 표현도 어색해지고 있다. 하루는 성균관대학교에서 열
린 긍정심리학연구회에 참석했다. 긍정심리학의 본산인 미국
펜실베이니아대학교 긍정심리학 연구소의 제임스 파웰스키
(James Pawelski) 박사의 발표를 듣기 위해서였다. 그날 파웰스
키 박사에게 궁금한 점을 질문하고 약간의 코멘트도 곁들였다.

하지만 이 과정에서 무언가 불편했다. 오랜만에 영어를 사용하다 보니 발음도 엉망이고 실수를 했기 때문이다. 돌아오는 길에 생각해 보았다. "왜 오늘 영어가 버벅거렸지?" 결론은 그동안 영어를 사용하지 않다 보니 마음속에 "오늘 영어가 잘되지 않을 수 있겠구나?" 하는 생각이 있었다.

공교롭게도 그다음 날은 서울대학교 병원 강당에서 대한스트레스학회 행사가 진행되었다. 이 행사에는 전 세계적으로 알아차림(mindfulness) 명상⁴을 확산시킨 존 카밧진(Jon Kabat-Zinn) 박사가 초청되었다. 나로서는 대한스트레스학회 부회장을 역임하기도 했지만, 그를 만나기 위해서 참석하였다. 그리고 기회가 되어 영어로 질문하게 되었다. 그런데 전날과 달리 발음을 비롯해 영어가 매우 만족스럽게 술술 잘 풀렸다.

나 스스로 놀랐다. 어떻게 하루 만에 영어가 달라졌을까? 당연히 하루 만에 영어 실력이 달라질 수 없다. 오로지 차이는 내 마음 자세에 있었던 것이다. "오늘은 편하게 말하자"고 마음을 먹자 정말로 하루 만에 180도 달라졌다. 아마 독자들도 이와 유사한 경험들이 있을 것으로 짐작된다. 사실 모든 것은 우리 마음먹기에 달렸다.

최근 스트레스가 심각한 상황이다 보니 '스트레스'라는 단어를 듣거나 생각만 해도 '발작'을 일으키는 사람들이 있다. 조금만 어려운 상황에 놓여도 '스트레스 주지 마세요!'를 입에 달고 사는 사람이 많다. 하지만 스트레스 자체가 나쁜 것이 아님을 명심할 필요가 있다. 스트레스 상황을 어떻게 받아들이는가에 따라서 나에게 나쁜 결과를 야기할 수도 있고, 아니면 성장과 축복의 기회가 될 수도 있다. 스트레스란 '인생의 양념'이 될 수도 있고, '죽음의 키스'가 될 수도 있다는 점을 기억하면 좋겠다.

다음 내용에서 보듯이 스트레스는 내가 어떻게 받아들일지에 따라 결과가 달라진다. 따라서 이 책에서 소개하는 다른 원리에 앞서서 이번 원리를 충분히 이해하고 삶 속에서 실현할 수 있으면 좋겠다.

'스트레스 마음틀'에 따라 결과가 달라진다

스트레스와 관련해서 매우 흥미로운 논문이 앨리아 크럼(Alia Crum)과 그녀의 동료들에 의해 발표되었다[참고로 두 명의 공저자는 미국 예일대학교 총장인 피터 샐로비(Peter Salovey) 교수, 그리고 행복에 관한 흥미로운 책을 저술한 바 있는 숀 아처(Shawn Achor) 박사이다]. 이 연구에서 '스트레스는 나를 악화시킨다(stress is debilitating)'는 마음틀을 갖고 있는 사람과 '스트레스는 나를 향상시킨다(stress is enhancing)'는 마음틀을 갖고 있는 사람들을 비교했다. 그 결과, '스트레스는 나쁘다'는 마음틀을 갖고 있는 사람들에게서 스트레스 호르몬이 더 많이 나타났다. 다시 말해서 스트레스의 나쁜 효과는 스트레스에 대한 마음틀에 달렸다고 볼 수 있다.[5]

관련해서, 비록 20여 년 전에 작고했지만, 현재까지 스트레스에 관한 최고의 이론가는 UC버클리대학교에 재직했던 리처드 라자러스(Richard S. Lazarus) 교수이다. 그가 강조한 개념 가운데 하나는 동일한 상황이라도 '위협'으로 느낄 때는 스트레스가 되지만, '도전'으로 접근하면 긍정적 효과로 나타날 수 있다는 사실이다.[6] 동일한 상황이 '위기'가 될 수도 있고, '기회'가 될 수 있다는 일상적인 지혜에 관한 과학적인 설명인 셈이다.

스트레스는 내가 어떻게
받아들일지에 따라 결과가 달라진다.
'스트레스가 성장에 도움이 된다'는
마음틀을 갖고 있는 사람들은
스트레스를 보다 쉽게 관리할 수 있다.

제5장 심리적 수준: 주체적 삶을 살라

기법 11 스트레스는 마음먹기에 달렸다

🫖 멈추라

스트레스 상황에서 하던 일과 생각을 멈추라.

💡 생각하라

① 유용성을 생각하라. 어떤 선택이 나에게 유용한가? '스트레스'인가? 아니면 '건강, 행복, 성공'인가? 만약 후자라면 ② '스트레스는 나를 향상시킨다/스트레스 상황에서도 나는 할 수 있다'에 초점을 두라.

🌱 실행하라

① 스트레스는 나를 성장시킨다. 스트레스를 통해서 성장했던 경험을 생각해 보라. 사실 우리가 알고 있는 상당한 분량의 지식은 시험 등을 준비하면서 쌓인 결과이다. 대인 관계 기술도 갈등을 통해 터득한 경우가 많다. 대부분 조직도 스트레스를 통해 성장한다.

② 스트레스 상황에서도 나는 할 수 있다. 스트레스 상황에서 처음에는 힘들었지만 결국 잘 이겨 냈던 기억을 되살려 보라. 그리고 예전에 스트레스를 이겨 냈을 때와 마찬가지로

이번에도 스트레스 상황에서 잘할 수 있다고 마음먹어라. 다시 말해서 '해 보자!' 하고 마음을 먹어 보라. 그러면 그 순간 에너지가 불끈 솟아오르면서 스트레스 상황을 쉽게 이겨 낼 수 있다.

전반적 수준과 신체적 수준에서는 '생각하라' 단계에서 특정한 주제를 3번 반복해서 강조했다. 하지만 이에 관해 어느 정도 실습이 이루어졌다고 가정되기 때문에 심리적 수준부터는 특정 주제를 '한 번'만 소개하기로 하겠다.

이 기법을 효과적으로 적용하기 위해서는 평소에 스트레스 상황을 통해 성장했던 경험을 미리 적어 보는 것이 도움이 된다. 그리고 이러한 경험을 휴대폰 등에 미리 적어 놓으라. 왜냐하면 스트레스 상황에서는 부정적 생각이 꼬리를 이어서 나타나서 성장에 도움이 되었던 기억이 잘 나지 않을 가능성이 높기 때문이다.

왜 스트레스 관리 마음틀이 중요할까? 만약 스트레스가 나를 악화시키기 때문에 '나쁘다'고 받아들이면 가능한 한 스트레스를 피하려 노력하게 된다. 문제는 현대인의 삶에서 스트레스를 피할 수 없다는 점이다. 그 결과, 스트레스를 피하고 싶은데 스트레스를 경험하게 되면 스트레스의 '충격'은 배가 된다. 반면에 스트레스가 나를 향상시키기 때문에 '좋다'고 받아들이면 스트레스 관리를 위한 다양한 전략과 방법을 터득하게 된다. 그리고 그 결과, 스트레스 상황을 잘 이겨 낼 수 있게 된다.

스트레스 관리 마음틀의 효과를 잘 보여 주는 예화는 정주영 회장이다. 그가 강조했던 것 가운데 하나는 "임자, 해 봤어?"이다. 주위에 무수한 국내외 박사들이 '할 수 없다'고 말할 때 "임자, 해 봤어?"라고 질문하면서 다른 사람들이 전혀 생각하지 못한 일들을 해 내곤 했다. 한 예로 서산 간척지를 만들 때 일부 지역에서 조수 간만 차이로 인해 아무리 흙을 쏟아 부어도 씻겨 내려가서 간척 사업이 느리게 진행되었다. 그러자 정 회장은 오래된 배를 바다에 빠뜨려서 간척 사업을 드디어 해내고 만다. 이 외에도 현대 중공업 설립 신화를 비롯해 놀라운 발전에는 정 회장의 마음속에 "나는 할 수 있다"는 스트레스 관리 마음틀이 기초하고 있다. 미국 자동차 왕인 헨리 포드(Henry Ford) 역시 비슷한 이야기를 한 바 있다. "Whether you think you can or think you can't, you're right." '생각하는 대로 좋은 결과가 나타날 수도 있고, 나쁜 결과가 나타날 수 있다'는 말이다. 이 책을 읽는 모든 독자가 "할 수 있다!"는 스트레스 관리 마음틀로 무장해서 스트레스를 너끈히 이겨 낼 수 있기를 진심으로 기원한다.

원리 7. 스트레스 관리 마음틀을 확립하라

왜 스트레스 관리 마음틀이 중요할까?

현대인의 삶은 스트레스를 피할 수 없다.

만약 스트레스를 피하고 싶은데

스트레스를 경험하게 되면 그 충격은 배가 된다.

반대로 스트레스가 나를 향상시킨다고 받아들이면

스트레스 관리를 위한 다양한 전략과 방법을 터득하고,

스트레스 상황을 잘 이겨 낼 수 있게 된다.

제5장 심리적 수준: 주체적 삶을 살라

🌸.... 원리 8. 비교하지 말고 주체적 삶을 살라

처음부터 끝까지 자신의 삶을 살아야 한다.
누구도 그대를 대신해 살 수 없다.

-호피(Hopi)족 격언-

다른 사람과 비교하며 살고 있는가? 아니면 자신의 인생을 살고 있는
가? 전통적으로 집합주의 문화권인 한국에서는 개인주의 문화권인 미
국에 비해서 다른 사람과 부, 지위, 미모, 옷, 능력 등을 비교하면서 살
가능성이 높다. 하지만 다른 사람과 비교할수록 스트레스를 많이 경험
하고 행복에서 멀어진다. 따라서 오늘부터 자신이 경험하고 있는 스트
레스가 타인과의 비교에서 오는지를 살펴보고, 주체적 삶을 살아가면
좋겠다. 그러기 위해서는 하루아침에 바뀌지 않겠으나 **비교에서 벗어
나 주체적 삶을 살겠다는 '결단'이 중요한 출발점이 된다.**

내가 1970년 성균관대학교에 입학할 당시 심리학은 별로 알
려지지 않았다. 실제로 그 당시 전국에서 5곳에만 심리학과(전
공 포함)가 있었다(그것도 이화여자대학교의 교육심리학과를 포함
해서). 그러나 나는 비록 2차 대학교이지만 성균관대학교 심리
학과에 입학하게 되어서 매우 기뻤다. 왜냐하면 원하던 전공이
었기 때문이다. 사실 당시 심리학과는 인기가 없었고, 심리학을

전공해서 취직하기가 매우 어려웠다. 요즘은 다행인지 불행인지 심리학이 뜨고 있다(심리학이 인기가 있다는 점은 한국 사람들이 심리적으로 힘들다는 징후일 수도 있다). 미국 유학을 마치고 귀국한 후 대구대학교 심리치료학과(나중에 재활심리학과로 바뀜)를 지원한 것도 상당 부분 비교하지 않고 내가 가고 싶은 길을 선택한 결과였다. 당시 서울에 위치한 훨씬 좋은 대학교도 가능성이 있었지만, 대구대학교 '심리치료학과'에 매력을 느껴서 과감하게 지원했다. 이러한 과정 속에 때로 어려움이 발생해서 가족에게 미안한 마음이 있지만, 내가 가고 싶었던 길을 묵묵히 걸어왔다. 그리고 다른 사람과 비교하지 않고 내 삶을 살아와서 그런지 객관적으로 어려운 상황에서도 나 자신은 스트레스 없이 잘 지내고 있다.

밥 딜런(Bob Dylan)은 1960년대 히피 문화에서 가장 대표적인 가수였다. 우리나라에도 나와 같은 연령대 사람들은 그의 노래를 잘 알고 좋아했을 것이다. 그런데 그가 노벨문학상을 받았을 때 깜짝 놀랐다. 아니, 가수가 노벨문학상을 받다니. 대단하지 않은가? 그 후 그가 어떤 삶을 살았기에 노벨문학상을 받게 되었는지가 궁금해서 그에 관한 자료를 살펴보았다. 이 과정에서 그가 남긴 한 구절이 마음에 와닿았다. "오직 내가 할 수 있는 것은 나 자신이 되는 것이다. 내가 어떤 사람이 될지 몰라도(All I can do is be me, whoever that is)."

기법 12 비교하지 말고 자신의 삶을 살라

🫖 멈추라

스트레스 상황에서 하던 일과 생각을 멈추라.

🛋 생각하라

① 유용성을 생각하라. 지금 경험하고 있는 스트레스가 다른 사람과의 비교(예: 경제, 능력, 미모, 지위, 차, 집, 옷, 핸드백 등)에서 오는가를 잠시 생각해 보라. 다른 사람과 비교하면 스트레스를 경험할 수밖에 없다. 어떤 선택이 나에게 유용한가? '스트레스'인가? 아니면 '건강, 행복, 성공'인가? 만약 후자라면 ② '주체적 삶'에 초점을 두라.

🪴 실행하라

① '다른 사람과 비교하지 않고 내 인생을 살겠다'고 결단하라. 아울러 이러한 결단과 함께 기분 좋은 느낌을 느껴 보라.
② '주체적 삶'을 심상으로 그려 보라. 자신이 주체적으로 살아가는 모습을 심상으로 그려 보라. 예를 들어, 지구본 위에 자신이 우뚝 서서 '주체적'인 삶을 살아가는 모습을 그려 보라. 그리고 이러한 주체적 삶을 살면서 기분 좋고 만족

스러운 삶을 사는 모습을 그려 보라.

여기서 소개하는 '주체적 삶'은 '이기적 삶'과 다르다. 주체적 삶은 다른 사람을 배척하거나 무시하는 삶이 아니다. 사실 주체적 삶을 강조하는 사람은 다른 사람의 주체적 삶도 존중하기 때문에 이기적 삶과 달리 대인 관계가 좋다. 참고로 애브라햄 매슬로우(Abraham H. Maslow)에 따르면 자기실현을 성취한 사람일수록 자율성(autonomy)과 함께 다른 사람에 대한 수용(acceptance)이 높다.[7]

스트레스 관리 관점에서 보면 모든 비교가 나쁘지는 않다. 예를 들어, 자신이 어려운 상황에 처했을 때 "이 세상에는 나보다 더 비참하고 어려운 사람들도 있을 거야"라고 생각하거나, 과거 노예의 삶과 비교하면 잠시라도 위안이 될 수 있다(사실 대한민국에 사는 대부분 사람들은 지구상에 살고 있는 80억 명의 인구와 비교하면 더 좋은 조건에서 살고 있다). 이처럼 때로 하향 비교(downward comparison)를 활용하는 것도 나쁘지 않다. 다만 이러한 하향 비교를 습관적으로 하는 대신 책에서 소개하는 다양한 기법을 통해서 우선 ① 스트레스에서 3분 안에 벗어나고, 더 나아가 ② 자신이 진정으로 원하는 삶을 살 수 있기를 기원한다.

🌸 원리 9. 스트레스 렌즈 대신 행복 렌즈로 보라

> 모든 상황에서 무언가 긍정적인 것을 발견하라.
> 당신이 경험하는 정서의 95%는
> 당신에게 발생하는 사건들을 어떻게 해석하는가에 달려 있다.
>
> ─브라이언 트레이시(Brian Tracy)─

사물을 볼 때 일반적으로 부정적 측면에 초점을 두는가? 아니면 긍정적 측면에 초점을 두는가? 특히 스트레스를 경험할 때 부정적 측면에 초점을 두는가, 아니면 긍정적 측면에 초점을 두는가? 스트레스란 무언가 부정적 측면을 보기 때문에 발생한다. 여기서 자세하게 설명할 수 없지만, 모든 사물에는 부정과 긍정이 함께 존재한다. 따라서 오늘부터 스트레스 상황에서도 긍정 렌즈로 보는 연습을 하다 보면, 스트레스 상황조차 축복의 기회, 행복의 기회가 될 수 있다.

    2년 전 마당에 있는 소나무 작업을 하다 사다리 꼭대기에서 떨어졌다. 순식간에 등 쪽으로 떨어지면서 요추 1번에 압박 골절이 발생해 지금도 완전히 회복하지 못한 상태다. 사건이 발생하자 아내는 '큰일 났다!' 하며 119를 부르자고 했다(다행히 우리 집 근처에는 24시간 119가 대기하고 있다). 하지만 나로서는 잠시 얼음찜질을 한 후 어느 정도 걸을 수 있기 때문에 직접 차를 몰고 정동진을 출발해서 강릉에 있는 정형외과로 갔다. 그곳에서 의사의 권유로 다시 상급 병원에 갔으나 마침 점심시간이라서 한 시간 반을 기다렸다가 X-Ray와 CT 촬영 후 요추 압박 골절이 판명되었다.

돌이켜 보면 사건 발생 후 최종적인 진단 및 처방을 받을 때까지 4시간 이상 시간이 흘렀다. 그런데 그동안 한 번도 '큰일 났다'라는 생각을 하지 않았다. '허리 다쳐서 큰일 났다……. 뇌진탕 걸렸으면 어떻게 하지? 금연 교육에 가지 못하면 어쩌나?(마침 그날은 국립춘천병원에 금연 교육을 가는 날이었다)' 나로서는 최선을 다할 뿐 모든 상황에서 편하게 임했다.

솔직히 지난 십 년 이상 경제적으로 매우 어렵다. 하지만 오랫동안 스트레스 관리를 실행해 온 까닭인지 경제적으로 어려워도 긍정적 측면에 초점을 두면서 잘살고 있다! 그 결과일까? 주위 사람들은 나를 나이에 비해서 젊게 보면서 '얼굴이 편안하게 보인다'고 이야기한다(사실 이러한 습관은 어머님께서 늘 '감사하며 살라'고 말씀하신 덕분이기도 하다. 어머님은 올해 만 99세지만 건강하게 살고 계시고, 대부분 사람들은 어머님을 때로 20살 젊게 본다).

잠시 색안경을 쓰고 있는 모습을 생각해 보자. 검은 색안경을 쓰고 보면 사물이 검게 보인다. 파란 색안경으로 보면 파랗게 보이고, 빨강 색안경으로 보면 빨갛게 보인다. 이처럼 동일한 상황이더라도 색안경에 따라서 사물이 다르게 보인다. 마찬가지로 스트레스 렌즈로 보면 스트레스가 보이고, 행복 렌즈로 보면 행복이 보인다. 이렇게 이야기하면 현재 스트레스로 고생하고 있는 독자들은 속으로 짜증이 날 수도 있다. 하지만 사실이다. 따라서 다소 불편한 마음이 들더라도 이번 주제를 잘 이해하면 좋겠다. 왜냐하면 이번 원리를 잘 터득하게 되면 스트레스가 행복으로 변하는 놀라운 삶의 변화가 일어날 수 있기 때문이다(이 주제는 이 책의 자매편인 『Optimal 스트레스 관리』에서 보다 자세하게 설명하고 있다).

기법 13 스트레스 렌즈 대신 행복 렌즈로 보라

멈추라

스트레스 상황에서 하던 일을 멈추라.

생각하라

① 유용성을 생각하라. 스트레스와 관련해서 부정적 측면을 보고 있는가? 아니면 긍정적 측면을 보고 있는가? (우리는 무언가 부정적 측면을 바라보기 때문에 스트레스를 경험하게 된다.) 어떤 선택이 나에게 유용한가? '스트레스'인가? 아니면 '건강, 행복, 성공'인가? 만약 후자라면 ② '행복 렌즈'에 초점을 두라.

① 긍정 렌즈로 보라. 지금 처한 상황에서 긍정적 측면을 살펴 보라. 예를 들어, 상사/부모님/선생님이 꾸지람하면 기분 이 나쁠 수 있다. 하지만 '나에 대해 관심이 있구나'라고 긍 정적으로 보면 마음이 달라질 수 있다.

② 성장 렌즈로 보라. 지금 당장은 아니지만 현재 스트레스 상 황이 장래 성장에 도움이 될 수 있는가를 살펴보라. 예를 들어, 시험 준비 때문에 스트레스를 경험할 경우, 시험을 통해서 내가 성장할 수 있음을 생각해 보라. 사실 대부분 사람들이 습득한 지식과 기술은 시험을 통해서 터득한 결 과가 많다. 이처럼 스트레스 상황에서 부정적 측면만 생각 하는 대신 성장의 기회로 받아들이면, 현재의 스트레스가 성장의 기회, 축복의 기회가 될 수 있다.

③ 감사하라. 행복 렌즈 가운데 가장 효과적인 접근법이 감사 다. 감사란 자신이 갖고 있지 않은 측면보다 자신이 갖고 있는 측면에 초점을 맞추는 것이다. 예를 들어, 윗사람의 '꾸지람'이나 '부당한 지시' 상황에서 자신이 갖고 있는 다 른 긍정적 측면(자신을 지원하는 가족과 친구의 존재, 자신의 건강, 장점, 영적 자원 등)에 초점을 맞추면 어떠한 상황에서 도 감사할 수 있다.

이러한 기법들은 머리로는 이해되지만, 선뜻 체험하기가 쉽지 않다. 하지만 반복적으로 실습하다 보면 문자 그대로 3분 안에 스트레스에서 벗어나 행복을 체험할 수 있다. 더 나아가 나중에는 1분, 30초, 심지어 10초 안에 스트레스에서 벗어나 행복을 체험할 수도 있다.

스트레스 상황에서도
긍정 렌즈로 보는 연습을 하다 보면,
스트레스 상황조차 축복의 기회
행복의 기회가 될 수 있다.

원리 9. 스트레스 렌즈 대신 행복 렌즈로 보라

🌹 .... 원리 10. '내부의 적'으로부터 벗어나라

당신이 만날 수 있는 최악의 적은 언제나 당신 자신이 될 것이다.

-프리드리히 니체(Friedrich W. Nietzsche)-

스트레스는 주로 어디에서 오는가? 외부인가 아니면 내부인가? 대부분 독자들은 외부 상황 때문에 스트레스를 경험한다고 생각할 것이다. 물론 외부 상황으로 인해 스트레스가 발생하는 경우가 많다. 하지만 자신이 경험하는 스트레스를 분석해 보면 과거 일을 반복해서 생각하거나, 미래에 발생하지 않을 일들을 미리 걱정하기 때문에 생겨나기도 한다. 그리고 이와 같이 내부에서 발생하는 스트레스만 줄이더라도 내 삶이 달라진다.

앞에서 소개했던 질 테일러 박사는 노래를 부르면서 운전하다 속도위반으로 교통 티켓을 받았다. 이 상황에서 그녀는 100번 이상 기분 나쁜 상태를 이겨 내려고 노력했다고 고백한 바 있다.[8] 여러분은 나쁜 일이 벌어졌을 때 한 번 생각하고 잊는가? 아니면 반복해서 그 일을 생각하는가? 아마 대부분 사람들은 반복해서 생각할 가능성이 높다.

잠시 일상생활에서 경험하는 스트레스를 분석해 보자. 외적 상황(또는 상대방) 때문인가? 아니면 과거의 사건을 내가 반복적으로 생각한 결과인가? 논리적으로 접근해 보면, 첫 번째 상황은 상대방 때문이라고 인정하더라도 두 번째 이후 스트레스는 내가 만들어 낸 스트레스로 볼 수 있다. 이러한 어려움에 대하여 부처는 '두 번째 화살을 조심하라'고 조언하고 있다.[9] 그렇다. 살면서 경험하는 어려움이야 어쩔 수 없지만, 동일한 어려움을 반복해서 반추(rumination)하면 내가 나를 죽이는 셈이다. 참고로 스트레스 상황에 대한 성찰(reflection)은 유익하다. 다시 말해서 성찰은 필요하지만, 반추는 불필요하므로 오늘부터 쓸데없는 반추에서 벗어나 보자.

또한 앞에서 소개한 바 있듯이 어니 젤린스키의 분석이나 코넬대학교 연구에 따르면 96~97%가 불필요한 걱정이라는 점이 밝혀진 바 있다.[10] 아마 많은 사람도 발생하지도 않을 일을 미리 걱정할 가능성이 높다.

이렇게 보면 우리가 경험하고 있는 스트레스 가운데 상당 부분은 '내부의 적'으로부터 발생한다고 볼 수 있다. 그렇다면 우선 내부의 적으로부터 벗어나 보자. 다시 말하면 오늘부터 '내부의 적'만 잘 다스려도 95% 이상의 스트레스가 사라질 수 있다.

한 번으로 족하다

 멈추라

스트레스 상황에서 하던 일을 멈추라.

 생각하라

① 유용성을 생각하라. 잠시 당면하고 있는 스트레스가 과거의 사건을 반복해서 생각하고 있는지 살펴보라. 어떤 선택이 나에게 유용한가? 반복적인 '스트레스'인가? 아니면 '건강, 행복, 성공'인가? 만약 후자라면 ② '한 번으로 족하다'에 초점을 두라.

 실행하라

① 한 번으로 족하다. 동일한 스트레스 상황에 대해 반복해서 생각하고 있다면(앞에서 소개했듯이 거의 모든 사람은 그렇게 산다), 오늘부터 '한 번으로 족하다!'를 마음속으로 외쳐라. 이렇게 연습하다 보면 과거 사건에 대한 불필요한 스트레스에서 벗어나 보다 자유롭게 살 수 있다(연습하면 누구나 터득할 수 있다!).

② 중요한 일에 집중하라. 이 기법을 적용하기 위해 보다 효과적인 방법은 과거의 나쁜 생각이 들자마자 자신에게 중요

한 일에 몰입하는 것이다. 이처럼 다른 중요한 일에 몰입하면 불필요한 스트레스는 쉽게 사라진다.

기법 15 '3분 worry time'을 적극적으로 활용하라

 (멈추라)

스트레스 상황에서 하던 일을 멈추라.

(생각하라)

① 유용성을 생각하라. 잠시 당면하고 있는 스트레스가 미래에 대한 불필요한 걱정인지를 살펴보라(필요할 경우 '주체성'을 생각해 보아도 좋다). 어떤 선택이 나에게 유용한가? 불필요하게 미래를 걱정하는 '스트레스'인가? 아니면 '건강, 행복, 성공'인가? 만약 후자라면 ② '3분 worry time'에 초점을 두라.

(실행하라)

① 잠시 스트레스를 경험해도 좋다. 스트레스 상황에서 잠시 걱정할 수도 있다. 다만 '3분'이라는 시간을 지키라. 지구상에 태어날 때 신이 우리에게 '3분' 동안 걱정할 수 있는 기본권을 주었다고 생각해도 좋다.

② 3분 안에 끝내라. 오늘부터는 '3분 worry time'을 적극적으로 활용하라. 그리고 3분이 지나기 전에 '쿨' 하게 '스트레스, 안녕!' 하면서 스트레스에서 벗어나 자유롭게 살라(속으로 '위워!' 하면서 마음속에 있는 '걱정'을 몰아내는 상상을 해도 좋다). 더 이상적으로는 '3분' 대신 '2분' 또는 '1분'으로 줄여도 좋다.

③ 중요한 일에 집중하라. '3분 worry time'을 적용하기 위한 보다 효과적인 방법은 '3분' 안에 자신에게 중요한 일에 몰입하는 것이다. 왜냐하면 자신에게 중요한 일에 몰입하면 스트레스는 너무 쉽게 사라지기 때문이다.

앞에서 '3분' 동안 잠시 스트레스를 경험해도 좋다고 했지만, 사람의 마음이라는 것이 칼로 무를 베듯 3분이 지나는 순간 멈추기가 어렵다. 스트레스를 생각하다 보면 증폭되기 쉽다. 따라서 '3분'이라는 시간 대신 '2분 worry time'으로 줄이는 것이 더 현실적인 방법일 수 있다. 2분이라는 시간이 짧아 보이지만 사실 그리 짧지 않다. 2분 안에 '스트레스, 안녕!'을 충분히 익힐 수 있으면 좋겠다. 더 나아가 '1분'으로 접근해도 좋다. 다시 한번 강조하면 모든 것이 훈련하기 나름이다.

누구나 두 번째 화살로 자신을 죽이길 원하는 사람은 없을 것이다. 마찬가지로 쓸데없는 걱정을 원하는 사람도 없을 것이다. 다만 이 책에서 소개하는 기법들을 반복적으로 꾸준히 연습하면 정말로 신기하게 내가 나를 죽이는 우에서 벗어나 자유로운 삶을 살 수 있게 된다.

중요한 일에 집중하기 위해서는 자신에게 중요한 일(예: 한 달 목표)을 미리 정해야 한다. 분명한 점은 스트레스 상황에서 중요한 일에 집중하면 스트레스에서 쉽게 벗어날 수 있다는 사실이다.

누구나 두 번째 화살로
자신을 죽이길 원하는 사람은 없을 것이다.
마찬가지로 쓸데없는 걱정을 원하는 사람도 없을 것이다.
이런 상황에서 내가 나를 죽이는 우에서 벗어나려면
자신에게 중요한 일에 몰입하는 것이 매우 효과적이다.

제 5장 심리적 수준: 주체적 삶을 살라

🌸 .... 원리 11. '미래의 나'를 확립하며 살라

나는 무엇이 나에게 일어났는가의 존재가 아니다.

나는 앞으로 무엇이 될 것인가의 존재이다.

−카를 융(Carl G. Jung)−

앞에서 소개한 쓸데없는 걱정을 줄일 수 있는 보다 적극적인 방법은 확고한 '미래의 나'에 대한 정립이다. 이와 관련해서 앨란 헤이(Alan Hay)의 말을 주목할 필요가 있다. "미래를 예견할 수 있는 최상의 방법은 미래를 만드는 것이다." 그렇다. 자신이 진정으로 원하는 '미래의 나'를 확립하고, 매일 '미래의 나'를 만들어 가면, 쓸데없는 걱정에서 벗어나기 쉽다. 더 나아가 실제로 놀랄 만한 미래가 실현될 수 있다. 이처럼 확고한 '미래의 나'를 수립할수록 현재의 어려움을 쉽게 이겨 낼 수 있다. 이러한 모든 변화는 내가 지금 확고한 '미래의 나'를 확립하고 있는가에 달려 있다.

'미래의 나'에 관한 흥미로운 사례는 '오징어 게임' 이벤트를 실제로 실행하고, 수많은 사람에게 자선 사업을 하고 있는 지미 도날드슨(Jimmy Donaldson)에서 볼 수 있다.[11] 그는 2015년 10월 4일, 고등학교 2학년 재학 중 역사 시험을 앞두고 자신의 미래에

관한 동영상을 남긴다. 6개월 후, 12개월 후, 5년 후, 10년 후. 동영상은 기껏 2분 남짓한 짧은 내용이었다. 예를 들어, 6개월 후 8천 명의 구독자와 180만 명의 시청자가 발생할 것이라는 내용이다. 그의 미래가 동영상대로 펼쳐졌을까? 물론이다. 사실은 동영상에 비해 훨씬 놀랄 만한 일이 벌어졌다.

그 후 벌어진 상황을 요약하면 현재 그가 운영하는 미스터비스트(MrBeast)는 3억 명 이상의 구독자가 있으며 개인이 운영하는 유튜브 가운데 세계 1위이다. 참고로 나는 MrBeast에 관해 작년부터 소개해 온 바 있는데, 2023년 4월 시점에는 1억3천만 명 정도의 구독자로 4위였다. 하지만 5월 시점에는 1억4천만 명 정도로 3위, 7월 시점에는 1억6천만 명 정도로 2위, 10월에는 1억9천 명 정도, 연말에 2억 명을 넘어서면 1위로 올라서게 된다. 그리고 2024년 11월 시점에 3억 명 이상의 구독자를 갖고

확고한 '미래의 나'를 수립할수록
현재의 어려움을 쉽게
이겨 낼 수 있다.
모든 변화는 내가 지금
확고한 '미래의 나'를
확립하고 있는가에 달려 있다.

있는 부동의 1위이다.

올해 들어와서도 지미 도날드슨이 국내외 신문을 크게 장식한 바 있다. 아프리카 10개국에 중장비를 동원해서 100개의 커다란 우물을 파서 주민들에게 기부했기 때문이다. 또한 최근에는 중남미 나라에서 가난한 가족들에게 집 100채를 선사한 바 있다. 이처럼 그는 유튜브를 통해 한 해에 거의 1조 원의 수입을 얻고 있으며, 이에 상응해서 수많은 기부를 해 오고 있다. 놀랍지 않은가? 그런데 이러한 놀라운 결과는 그가 고등학교 2학년 때 '미래의 나'를 구체적으로 확립한 결과이다.

'미래의 나'에 대한 과학적 기초

'미래의 나'에 대한 과학적 기초가 있을까? 내가 아는 범위에서는 최소한 세 가지 자료가 흥미롭다. ① 핼 허쉬필드(Hal Hershfield)는 UCLA 경영대학교 교수로서 '미래의 나'에 관해 10년 이상 이 주제를 천착해 오고 있다.[12] ② 제니스 빌하우어(Jennice Vilhauer) 박사는 UCLA에서 심리학과와 정신의학 및 행동뇌과학과에서 임상 교수로 근무한 바 있으며, 미래 지향적 치료(Future Directed Therapy)를 개발한 바 있다.[13] ③ 갤럽(gallup) 연구에 의하면 '미래의 나'에 대해서 긍정적인 사람일수록 건강한 삶, 행복한 삶, 그리고 성공적인 삶을 살고 있다.[14]

이 가운데 이 책의 목적에 가장 적합한 갤럽 연구를 간략히 소개하면 다음과 같다. 갤럽은 전 세계적으로 1억 명 이상의 종

업원을 대상으로 연구를 진행한 바 있다. 이때 ① '번성하는' 집단, ② '애쓰는' 집단, ③ '고생하는' 집단으로 구분한 바 있으며, 이러한 구분은 두 가지 질문에 기초해서 이루어졌다. 특히 두 번째 질문은 "당신은 5년 후 어느 수준(0에서 10)에 놓이게 되는가?"에 관한 것이었다. 이때 0은 '최악의 삶', 그리고 10은 '최상의 삶'을 의미한다. 앞에서 언급한 세 집단은 각각 8점 이상(번성하는 집단), 5~7점(애쓰는 집단), 4점 이하(고생하는 집단)로 구분되었다. 이 연구에서 볼 수 있듯이 자신이 갖고 있는 '미래의 나'에 따라 '번성하는 삶'을 살지, 아니면 '스트레스'에 빠져서 고생하는 삶을 살지가 결정된다고 볼 수 있다. 바꾸어 이야기하면 '미래의 나'가 확립되어 있을수록 현재의 스트레스를 쉽게 이겨 내면서 번성할 수 있다. 이 책을 읽는 독자들도 구체적인 '미래의 나'를 확립하면서 현재의 어려움을 쉽게 이겨 내고 더 나아가 행복과 성공을 실제로 체험할 수 있기를 진심으로 기원한다.

기법 16 '미래의 나'를 확립하며 살라

 멈추라

스트레스 상황에서 하던 일을 멈추라.

💡 **생각하라**

① 유용성을 생각하라. 잠시 확고한 '미래의 나'가 수립되어 있는지 살펴보라. 아울러 어떤 선택이 나에게 유용한가? '스트레스'인가? 아니면 '건강, 행복, 성공'인가? 만약 후자라면 ② '미래의 나'에 초점을 두라.

🌱 **실행하라**

① '미래의 나'를 떠올려라. 스트레스 상황에서 자신이 원하는 구체적인 '미래의 나'를 떠올려라. 물론 이 기법을 효과적으로 적용하려면 평소에 구체적인 '미래의 나'를 확립해 두어야 한다(따라서 아직 구체적인 '미래의 나'가 확립되어 있지 않은 독자들은 이 기회에 5년 후, 10년 후 '미래의 나'를 수립해 보면 좋겠다).

② '미래의 나'가 현재 실현되었다고 상상해 보라. 자, 이제 '미래의 나'가 지금 실현되어 있는 모습을 생생하게 체험해 보라. 이때 단지 머리로만 상상하는 것이 아니라 그 상황에서 체험할 수 있는 시각적 경험, 청각적 경험 등을 생생하게 체험해 보라. 예를 들어, 직장인의 경우 자신이 회사 대표가 된 모습을 생생하게 체험해 보라. 또는 자신이 원하던 사업을 성공시킨 심상을 생생하게 체험해 보라. 학생의 경우 자신이 원하는 대학교에 입학해서 주위 사람들로부

133

터 축하를 받고, 실제로 대학생이 되어서 하고 싶은 활동을 하는 모습을 생생하게 체험해 보라.

일반적으로 '현재의 나'는 '과거의 나'에서 비롯되고, '미래의 나'는 '현재의 나'에서 비롯된다. 오늘부터 구체적인 '미래의 나'를 확립한 후, 자신이 진정으로 원하는 삶을 만들어 가면 좋겠다. 사실 '어제보다 나은 나'를 노력하다 보면 어느새 변화된 자신의 모습을 볼 수 있다. 이 글을 읽는 독자들도 지미 도날드슨과 같은 놀라운 체험을 할 수 있기를 진심으로 기원한다.

'현재의 나'는 '과거의 나'에서 비롯되고
'미래의 나'는 '현재의 나'에서 비롯된다.
'어제보다 더 나은 나'를 노력하다 보면
어느새 변화된 자신의 모습을 볼 수 있다.

원리 11. '미래의 나'를 확립하며 살라

🌸 원리 12. 통제할 수 없는 것과 있는 것을 구분하라

신이여, 내가 바꿀 수 없는 것은 수용할 수 있는 평안함을 주시고,
바꿀 수 있는 것은 바꿀 수 있는 용기를 주시고,
이 두 가지의 차이를 알 수 있는 지혜를 주시옵소서.
—라인홀드 니버(K. P. Reinhold Niebuhr)—

지금 당면하고 있는 주요 스트레스를 잠시 살펴보라. 스트레스를 지금 당장 해결할 수 있는가? 아마 거의 없을 것이다. 사실 만약 해결할 수 있었다면 진작에 해결해서 더 이상 스트레스를 경험하지 않았을 것이다. 그렇다면 지금 당장 해결할 수 없음에도 불구하고 스트레스를 경험해야 하는지를 한번 검토할 필요가 있다. 그리고 **통제할 수 없는 것**을 '수용'하는 것은 스트레스 관리에서 매우 중요한 접근법이 된다.

내가 대구대학교 심리치료학과/재활심리학과에 재직하던 시절, 대구 · 경북 지역 약 30곳의 여성대학에서 스트레스 관리 교육을 진행하고 있었다. 하루는 김천에서 오후 2시에 스트레스 관리 교육이 예정되어 있었다. 통상 소요되는 시간(사무실에서 고속도로까지 30분+고속도로 주행 45분)을 고려해서 여유 있게 12시에

출발했다. 그런데 12시 30분경 경부고속도로 입구에서 사고가 발생해서 결국 경부고속도로 대신 구마고속도로로 우회하면서 최종적으로 고속도로를 달리기 시작한 시점이 1시 30분경. 그러니 도저히 2시 안에 도착할 수 없는 상황이 발생했다.

이번 주제에 대한 이해를 돕기 위해서 두 가지 질문을 하겠다. 첫째, 이러한 상황에서 '큰일 났다!'는 생각이 드는가? 사실나 역시 '큰일 났다!'고 느꼈다. 학교를 대표하는 점에서도 그렇고, 나 자신의 명예를 생각해도 그렇고, 무엇보다 귀한 시간을 내서 참석하는 주부들을 생각할 때 '큰일 났다!'고 느꼈다(당시에는 휴대폰이 거의 사용되지 않았다). 둘째, 이러한 상황에서 '큰일 났다!'를 몇 번 정도 하는가? 대부분 사람들은 도착할 때까지 계속한다고 답변한다. 수백 번 하는 셈이다. 그런데 독자들이 보기에 뻔뻔할 수 있겠으나, 나는 그날 12시 30분경에 '큰일 났다!'를 한 번 느낀 게 다다. 왜냐하면 내가 통제할 수 있는 방법이 없었기 때문이다. 그 상황에서 헬리콥터나 119를 탈 수 있었을까? 요즘처럼 핸드폰으로 연락할 수 있었을까? 나로서는 시간 안에 도착할 방법이 없었기 때문에 더 이상 '큰일 났다!'고 걱정하거나 조바심을 내지 않았다.

나는 나이에 비해서 젊다는 이야기를 자주 듣는다. 아마 그이유 가운데 하나는 이처럼 통제할 수 없는 상황에서 '큰일 났다!'를 반복하지 않기 때문인 것으로 생각된다. 가능하면 이 책을 읽는 독자들도 오늘부터 통제할 수 없는 상황에서 불필요한 스트레스를 경험하지 않으면서 살 수 있으면 좋겠다.

참고로, 당일 내가 할 수 있는 두 가지 방법을 실행했다. ① 다른 차에 지장을 주지 않는 범위에서 마구 달렸다. ② 원래 칠곡 휴게소에서 점심을 들 예정이었으나 생략했다.

사실 우리가 경험하는 스트레스는 지금 당장 해결하기 어려운 경우가 많다. 주식의 폭락, 상대방의 모함, 아이의 늦은 귀가, 필요한 돈의 부족……. 오늘부터 이 원리를 충분히 이해하고 체득하면 상당한 스트레스가 사라질 수 있다. 특히 반복적으로 경험하는 스트레스는 이 원리만 터득하더라도 95% 이상이 사라질 수 있다. 왜냐하면 반복적인 스트레스란 결국 해결할 수 없는 싸움을 하고 있는 셈인데, 이 원리를 이해하고 터득하면 반복적인 스트레스에서 벗어나 자유롭게 살 수 있기 때문이다.

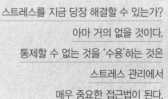

스트레스를 지금 당장 해결할 수 있는가?
아마 거의 없을 것이다.
통제할 수 없는 것을 '수용'하는 것은
스트레스 관리에서
매우 중요한 접근법이 된다.

제5장 심리적 수준: 주체적 삶을 살라

멈추라

스트레스 상황에서 하던 일을 멈추라.

생각하라

① 유용성을 생각하라. 잠시 당면하고 있는 스트레스(특히 반복적인 스트레스)에 대하여 지금 당장 통제할 수 있는가를 생각해 보라. 어떤 선택이 유용한가? '스트레스'를 선택할 것인가? 아니면 '건강, 행복, 성공'을 선택할 것인가? 만약 '건강, 행복, 성공'을 선택한다면 ② '통제할 수 없는 상황을 수용하자'에 초점을 두라.

실행하라

① 통제할 수 없는 것과 있는 것을 구분하라. 현재 상황에서 통제할 수 없는 것과 있는 것을 구분해 보라. 처음에는 연습으로 A4 용지를 두 부분으로 나눈 후, 왼쪽에는 통제할 수 없는 것, 그리고 오른쪽에는 통제할 수 있는 것들을 적어보라(이러한 연습이 처음에는 익숙하지 않아서 시간이 걸릴 수 있으나 나중에는 백지에 적지 않아도 머릿속에 쉽게 정리될 수

있다). 이때 완벽하게 정리하지 않더라도 중요한 요소만이라도 정리되면 충분하다.

② 통제할 수 있는 것은 어떻게 하면 될까? 용기를 갖고 바꾸면 된다. 또한 시간과 노력을 투자해서 바꾸면 된다. 다만 이 원리의 핵심은 '통제할 수 없는 것을 수용하라'에 방점이 있다는 사실을 기억할 필요가 있다.

③ 통제할 수 없는 것은 수용하라. 지금 당장 해결할 수 없는 상황이라면 일단 '수용'하라. 통제할 수 없는 상황에 대해 애를 쓰면 쓸수록 나만 괴롭고 스트레스를 자초하는 셈이 된다. 반면에 통제할 수 없는 상황을 수용하는 순간 스트레스는 사라지게 된다.

앞에서 소개했던 '내부의 적'과 관련된 주제는 이번 원리를 깨닫게 될 때 더 쉽게 실천할 수 있다. 예를 들어, 내가 통제할 수 없는 미래에 대해 걱정하는 대신 '수용'하면 스트레스가 줄어든다. 이번 주제는 스트레스 관리에만 적용되지 않고 분노 관리, 건강, 행복, 성공에서 가장 중요한 원리 가운데 하나다. 따라서 이 원리를 충분히 실습하면서 현재 경험하고 있는 스트레스(특히 반복적인 스트레스) 가운데 95% 이상을 '확!' 줄일 수 있기를 진심으로 기원한다.

이 원리에서 강조하고 있는 '수용'이란 '포기'가 아님을 명확히 구분할 필요가 있다. 예를 들어, 학생이 시험을 앞두고 공부를 '포기'하는 것은 '수용'이 아니다. 이 둘 간의 가장 큰 차이는 '수용'이란 ① 현재 상황을 100% 받아들이되, ② 동일한 실수를 범하지 않기 위해서 과거에 대한 성찰과 함께, ③ 바람직한 '변화'를 통해 보다 나은 미래를 추구하는 것이다. 반면에 '포기'란 바람직한 변화를 추구하지 않는 것이다. 그 결과, '포기'하게 되면 미래에도 스트레스 문제가 지속될 가능성이 높다. 반면, '수용'하되 미래에 대한 '변화'를 모색하면 미래에서 발생하는 스트레스가 줄어든다[이러한 개념은 변증법적 심리치료에서 '근원적 수용(radical acceptance)'이라고 부른다].[15]

앞에서 소개한 사례를 조금 더 이야기하는 것이 좋겠다. 김천 특강에서 실수한 후 다음부터는 훨씬 전에 특강 장소에 가야겠다고 마음먹었다. 실제로 그 후 한 달 후 현대중공업 특강에는 2시간 거리지만 3시간 전에 출발했다(도착한 후 1시간은 독서 등의 시간을 가졌다).

원리 12. 통제할 수 없는 것과 있는 것을 구분하라

이제 심리적 수준에서 소개한 주제들을 요약해 보자.

우선 ① 스트레스가 나를 '향상'시킬 수 있다는 점에 초점을 두면서, 내가 스트레스 상황에서도 잘할 수 있다는 '스트레스 관리 마음틀'로 접근할 필요가 있다. 반면에 스트레스가 나를 악화시킨다고 나쁘게 받아들이면 스트레스를 피하려 노력하게 된다. 하지만 현대인의 삶에서 스트레스를 피할 수 없기 때문에 피하려는 노력에 상응해서 스트레스로 인해 고생할 가능성이 높다.

사실 우리가 경험하는 스트레스는
지금 당장 해결하기 어려운 경우가 많다.
주식의 폭락. 상대방의 모함.
아이의 늦은 귀가. 필요한 돈의 부족……

② 우리 각자는 주체적으로 살도록 태어났음에도 불구하고 다른 사람과 비교하는 순간 스트레스가 발생한다. 따라서 주체적인 삶을 살아가면서 불필요한 스트레스를 줄여 갈 필요가 있겠다.

③ 동일한 상황도 스트레스 렌즈로 보면 스트레스가 보이고, 행복 렌즈로 보면 행복이 보인다. 그렇다면 주체적으로 스트레스 렌즈 대신 행복 렌즈를 착용함으로써 스트레스에서 벗어나 행복한 삶을 사는 지혜가 필요하겠다.

④ 스트레스는 외적 자극 이외에도 내적 자극에 의해 발생하기도 한다. 살면서 발생하는 외적 자극이야 어쩔 수 없지만 내적 스트레스를 자초할 필요가 없다. 따라서 주체적인 삶을 살면서 내적 자극으로 인한 불필요한 스트레스에서 벗어날 필요가 있겠다.

⑤ 현재 경험하는 스트레스는 어쩔 수 없지만 내가 원하는 '미래의 나'를 주체적으로 만들어 갈 수 있다. 그러기 위해서는 먼저 구체적인 '미래의 나'를 확립한 후, 매일 '미래의 나'를 주체적으로 실현해 가면, 내가 원하는 삶이 펼쳐질 수 있다.

⑥ 우리의 삶에는 '통제할 수 없는 것'도 있고 '통제할 수 있는 것'도 있다. 그런데 통제할 수 없는 것을 무리하게 통제하려는 시도는 그 자체로 스트레스를 유발하게 된다. 대신 '통제할 수 없는 것'은 수용하는 것이 답이다. 이처럼 '통제할 수 없는 것'과 '통제할 수 있는 것'의 차이를 아는 지혜가 스트레스 관리에서

원리 12. 통제할 수 없는 것과 있는 것을 구분하라

매우 중요하다.

앞에서 보았듯이 심리적 수준에서 소개한 원리들의 핵심 키워드는 '자율 욕구'이다. '자율 욕구'에 기초해서 '주체적인 삶'을 추구할 때 스트레스가 사라지게 된다. 반면 마지막 원리는 '자율 욕구의 역설'로 볼 수 있다. 다시 말해서 통제할 수 없는 상황에 대해서도 '자율 욕구'를 무리하게 추구하다 보니 스트레스를 경험하게 된다. 따라서 통제할 수 없는 상황에서는 '자율 욕구'를 겸허하게 내려놓고 '수용'하는 지혜를 터득할 필요가 있다(첫 번째 원리와 여섯 번째 원리가 상충되는 것으로 보일 수 있다. 하지만 이 두 원리를 종합적으로 정리하면 누구나 통제할 수 없는 상황이라면 수용하되, 대부분 상황에서는 잘할 수 있다는 마음틀로 접근하는 것이 좋다).

지금까지 '전반적 수준' '신체적 수준' '심리적 수준'에서 중요한 원리들을 다루었다. 하지만 인간은 사회적 동물이며 대인 관계에서 발생하는 스트레스를 잘 관리해야 한다. 다음에는 사회적 수준에서 활용할 수 있는 '3분 스트레스 관리'의 커튼을 열어 보도록 하자.

'자율 욕구'에 기초해서 '주체적인 삶'을 추구할 때
스트레스가 사라지게 된다.
그러나 통제할 수 없는 상황에서는
'자율 욕구'를 겸허하게 내려놓고
'수용'하는 지혜를 터득할 필요가 있겠다.

원리 12. 통제할 수 없는 것과 있는 것을 구분하라

제6장
사회적 수준: 더불어 사는 삶을 살라

바쁜 삶에 너무 매몰되다 보면, 나 자신과의 관계,
그리고 다른 사람과의 관계를 잃게 된다.
−잭 콘필드(Jack Kornfield)−

사회적 수준에서 우리에게 주어진 과제는 상존(相存)이다. 인간은 사회적 동물이다. 한자의 인(人) 모양이 서로 기대는 형상에서 왔다고 이야기한다. 이처럼 우리는 서로 기대면서 돕고 살도록 만들어졌다. 다시 말하면 인간에게는 다른 무엇보다 관계 욕구(Relationship Need)가 가장 근본적인 동기가 된다.

그런데 많은 현대인은 독자적 삶을 추구하고 있다. 특히 자

147

본주의가 팽배하면서 개인주의가 점차 증가하고 있다. 그 결과 외로움이 증가하고 있으며, 상응해서 우울과 자살 역시 증가하고 있다. 이와 같이 우울과 자살이 증가하는 현상은 관계 욕구가 현실에서 충족되지 않을 때 나타나며, 생리 욕구와 자율 욕구가 충족되더라도 관계 욕구가 어긋나면 스트레스를 경험할 수밖에 없다.

사회적 수준에서 스트레스 관리의 중요성을 몇 가지 언급하면 다음과 같다. 첫째, 다음의 그래프에서 보듯이 전통적인 사망 위험보다 사회적 관계가 더 중요한 요인으로 나타났다. 다시 말해서 전통적으로 사망 위험 요인으로 간주되는 흡연, 음주,

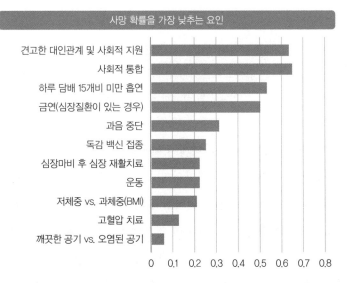

사망률에 미치는 주요 요인(Holt-Lunstad, Smith, & Layton, 2010)

제6장 사회적 수준: 더불어 사는 삶을 살라

백신 주사, 운동 부족. 심장 재활, 고혈압 관리 등보다 대인 관계가 더 큰 영향을 주는 것으로 나타났다.[1]

둘째, 우리가 경험하는 스트레스 가운데 80% 이상이 대인 관계에서 발생한다. 아마 이 책을 읽고 있는 대부분 독자들 역시 주로 대인 관계에서 스트레스를 경험하고 있을 것이다. 그러므로 스트레스 관리를 제대로 다루려면 사회적 수준에서 스트레스 관리가 매우 중요하다.

셋째, 다른 수준에 비해 사회적 수준에서 스트레스 관리가 어렵다. 왜냐하면 나 이외에도 상대방이 존재하기 때문이다. 탱고를 추기 위해서는 두 사람의 협조가 필요한데 나 혼자 잘해서 되는 것이 아니다. 더욱이 상대방은 나의 통제를 벗어나는 생각과 행동을 하기 때문에 더욱 어렵다.

마지막으로, 대인 관계는 스트레스 관리, 분노 관리, 건강, 행복, 성공에서 가장 중요한 자원이 된다. 다시 말하면 대인 관계는 스트레스와 분노를 유발하며 건강, 행복, 성공을 방해하는 장애 요인인 동시에 스트레스와 분노를 줄이며 건강, 행복, 성공을 촉진하는 증진 요인이 된다.

이처럼 대인 관계의 중요성을 고려해서 여기서는 다른 수준에 비해 가장 많은 7가지 원리를 소개한다. ① 서로 다름을 수용하라, ② 스냅샷(Snapshot)과 동영상을 구분하라, ③ 의사 소통에서 최소한의 기본기를 숙달하라, ④ 갈등 상황에서 자신부터 돌아보라, ⑤ 상대방을 사랑하기 전에 먼저 자신을 사랑하라, ⑥ 사랑 에너지로 스트레스를 녹여라, ⑦ 때로 경계를 명확히 하라.

참고로 이 장에서는 다른 수준과 달리 나의 직접 경험 대신 다른 사람의 예화를 주로 소개한다. 나의 직접 경험을 소개할 경우 예화에 포함된 상대방에게 실례를 범할 수 있기 때문이다.

사회적 수준에서 우리에게
주어진 과제는 상존(相存)이다.
우리는 서로 기대면서
돕고 살도록 만들어졌다.
인간에게는 관계욕구가
가장 기본적인 동기다.

제6장 사회적 수준: 더불어 사는 삶을 살라

🌿.... 원리 13. 서로 다름을 수용하라

당신은 '토메이토'라고 부르고, 나는 '토마토'라고 부른다.

―미라 커센바움(Mira Kirshenbaum)―

우리 모두는 자신의 관점에서 상대방을 보는 경향이 있다. 남자는 남자의 관점에서, 여자는 여자의 관점에서 상대방을 보는 경향이 있다. 마찬가지로 부모, 자녀, 상사, 하급자, 시어머니, 며느리……. 모두 자신의 관점에서 상대방을 보기 쉽다. 그 결과, 상대방을 이해하기 어렵고, 갈등이 발생하기 쉽다. 그러면 이 문제를 어떻게 해결할 수 있을까? 우선 "상대방은 나와 다르다!"는 사실을 수용하는 것이 첫걸음이다.

우리 모두는 서로 다르다. 이 사실을 모르는 사람이 있을까? 하지만 이번 원리를 제대로 이해하기 위해서 세 가지 주제를 간략하게 소개하는 것이 좋겠다.

첫째, 대인 간 스트레스를 일으키는 요인 가운데 하나는 우리 모두 자신의 관점에서 상대방을 보는 경향(ego centrism)이 있기 때문이다. 남자는 남자의 관점에서 여자를 보는 경향이 있고, 여자는 여자의 관점에서 남자를 보는 경향이 있다. 물론 『화성에서 온 남자, 금성에서 온 여자』 같은 책을 통해 상대방에 대한 이해가 깊어질 수 있지만 사람은 자신의 관점에서 상대를 보기 마련이다. 그리고 자신과 달리 행동하는 상대방에 대해 불편하게 느끼는 경향이 있다. 예를 들어, 정이 많은 사람은 상대방이 자신처럼 정을 주지 않는 것에 대해 섭섭하게 느끼기 쉽다.

둘째, 개인 간 차이에 덧붙여 집단 간에도 불편함을 느낄 수 있다. 일반적으로 사람들은 자신과 유사한 '내집단(in-group)'에 대해 편하게 느끼면서 친절한 반면, 자신과 다른 '외집단(out-group)'에 대해 불편하게 느끼면서 적대적으로 대하는 경향이 있다. 예를 들어 외국에서 한국 사람을 만나면 처음 보더라도 반갑게 느껴진다. 이러한 감정은 오랜 역사 속에서 만들어진 결과로 볼 수 있다. 500년 전 우리는 어떤 환경에서 살았을까? 대부분 경우 한마을에서 태어나 그 마을에서 지낼 가능성이 높다. 또 설사 다른 마을로 이주하더라도 이주한 후에는 오랜 기간 동일한 곳에서 지낼 가능성이 높다. 그러다 보니 마을 사람들 간에는 '수저'가 몇 개인지 알 정도로 친하게 지내기 마련이다. 하지만 만약 새로운 이방인이 산을 넘어 나타나면 그 사람에 대해 경계심과 불편함을 느끼게 된다. 그 사람이 어떤 사람인지 모르기 때문이다. 이처럼 일반적으로 나와 다른 사람에 대해 불편감과 스트레스를 경험할 가능성이 높다. 특히 전통적으로 집합주의 문화권인 한국에서는 이러한 내집단과 외집단을 대하는 차이가 더 뚜렷하다. 반면에 미국처럼 개인주의 문화권에서는 내집단과 외집단에 대한 차이가 상대적으로 적다(젊은 세대에서는 개인주의 문화로 변해 가면서 이런 경향이 줄어들고 있다고 볼 수 있다).

셋째, 서로 다름은 대인 간 스트레스를 유발하는 경향도 있지만, 순기능도 있다. 케네디 대통령 시절의 일화는 중요한 시사점을 제공하고 있다. 당시 눈엣가시 같았던 쿠바를 침공했으나 실패로 돌아갔다. 그 후 실패에 대한 다양한 분석 가운데 '집단 사고'의 문제점이 제기되었다. 논의에 참여한 자문위원들이 당시 미국 최고의 지성이었지만, 서로 다른 관점에서 조망하는 대신 동일한 관점으로 접근하다 보니 실패가 초래된 셈이다. 마찬가지로 생물학적으로도 동종 교배는 열성 인자를 배태하기 쉽고, 조직에서도 비슷한 조직원끼리 모이면 고인 물이 썩듯이 결과가 좋지 않다. 반대로 서로 다른 관점에서 논의할수록 유익하며, 이종 교배가 우성 인자로 나타날 가능성이 높으며, 서로 다른 조직원이 모여 있을수록 그 결과가 좋다.

요약하면, 우리는 자신의 관점에서 상대방을 보는 경향이 있으며, 자신과 다른 사람에 대해 불편을 느끼고 대인 간 스트레스를 경험하는 경향이 있다. 하지만 나와 다른 사람과 있을 때 더 유익하고 성장할 가능성이 높다. 따라서 나와 다른 상대방을 수용하는 것이 대인 관계 스트레스를 줄이는 첫걸음이 된다. 더 나아가 나와 다른 상대방을 통해 성장과 성공을 도모할 수 있으면 더 좋다.

기법 18 상대방을 있는 그대로 수용하라

멈추라

스트레스 상황에서 하던 일을 멈추라.

생각하라

① 유용성을 생각하라. 지금 경험하는 스트레스가 상대방이 나와 다르기 때문에 발생하고 있는지 생각해 보라. 상대방의 관점, 동기, 행동 방식 등. 그리고 이 상황에서 '스트레스'를 선택할 것인가? 아니면 '건강, 행복, 성공'을 선택할 것인가? 만약 '건강, 행복, 성공'을 선택한다면 ② '있는 그대로 수용하라'에 초점을 두라.

실행하라

① 상대방이 나와 다를 때 '불편할 수 있음'을 이해하라. 우리는 상대방이 나와 같을 때 편하고, 나와 다를 때 불편한 경향이 있다. 그리고 지금 경험하고 있는 스트레스가 상대방이 나와 다르기 때문에 발생할 수 있음을 이해하라.
② 나와 다른 상대방의 존재를 있는 그대로 수용하라. 상대방이 나와 다르게 태어나고, 다르게 성장했음을 있는 그대로 수

용하라. 예를 들어, 상대방이 공격적인 사람이라고 가정해 보자. 만약 내가 그 사람처럼 태어나고, 그 사람처럼 살아왔다면, 나 역시 공격적이 될 수 있다는 점을 생각해 보라. 그리고 이제 상대방을 있는 그대로 수용하라. 물론 상대방의 공격성으로 인해 불편할 수 있다. 하지만 내가 경험하고 있는 스트레스는 '상대의 공격성'에 덧붙여 '상대를 이해할 수 없다는 생각'이 스트레스를 가중할 수 있음을 인식하라. 일단 '상대가 나와 다르다'는 점을 수용하게 되면 그와 상응해서 스트레스가 줄어들게 된다.

③ 가능하면 '서로 다름의 순기능'에 초점을 맞추라. 일반적으로 상대방이 나와 다를 때 좋은 점들을 상기해 보라. 첫째, 다양한 관점을 갖게 된다, 둘째, 상대방과의 긴장이 성장의 기회가 된다, 셋째, 다른 점에 끌릴 수 있다, 넷째, 서로 보완될 수 있다. 이처럼 상대방이 나와 다름에서 오는 장점에 초점을 두게 되면 상대방에게 감사할 수도 있다.

우리는 자신의 관점에서 상대방을 보는 경향이 있으며,

자신과 다른 사람에 대해 불편을 느끼고 대인 간 스트레스를 경험한다.

하지만 나와 다른 사람이 있을 때 유익하고 성장할 가능성이 높다.

따라서 나와 다른 상대방을 수용하는 것이

대인 관계 스트레스를 줄이는 첫걸음이 된다.

제6장 사회적 수준: 더불어 사는 삶을 살라

🌹.... 원리 14. 스냅샷과 동영상을 구분하라

상대방을 이해하면 용서하지 못할 것이 없다.

−서양 속담−

살다 보면 상대방이 나와 다를 뿐 아니라 이해할 수 없는 행동을 하기 때문에 스트레스를 경험한다. 그런데 이 상황에서 한 가지 중요한 사실을 정리할 필요가 있다. 상대방이 왜 그러한 행동을 했는가에 대한 속사정(동영상)을 알 수 있을까? 우리는 그 순간 상대방의 행동(스냅샷)을 보고 들었을 뿐이다. 인용구에서 보듯이 상대방의 속사정을 이해하면 용서하지 못할 것이 없다. 문제는 우리가 맺고 있는 대부분 관계에서 상대방의 속사정을 알기 어렵다는 점이다. 그럼에도 우리는 상대방의 일부 측면(스냅샷)에 기초해서 속사정을 짐작하다 보니 대인 관계에서 스트레스를 경험하기 쉽다. 오늘부터 '상대방의 속사정을 모두 알 수 없다'는 전제로 살면 불필요한 대인 관계 스트레스가 '확!' 줄어들 수 있다.

내가 유타대학교에서 전임 교수로 재직할 때 강의하던 과목은 '스트레스 관리'와 '분노 관리'였다. 그 가운데 지금도 잊히지 않는 사례는 레티시아(Leticia)라는 여학생의 이야기다. 그녀는 대부분의 미국 대학생과 마찬가지로 자신이 돈을 벌면서 대학교를 다니고 있었다. 하루는 회사에서 피곤한 몸을 겨우 이끌고 집에 들어가자 온 집안에 색종이가 널브러져 있었다. 그래서 자고 있던 딸을 불러내 호되게 야단쳤다. "내가 너를 키우려고 이렇게 힘들게 일하는데 집안을 이 꼴로 만들어!" 그러자 6살 정도였던 딸이 엉엉 울다가 하는 말. "그래서 엄마 힘내라고 저거 붙여 놨는데." 자세히 보니 당시 글자를 배우기 시작한 딸이 엄마 힘내라고 색종이를 오려서 벽에 글자를 붙여 놓고 방에 들어가 잠들었던 것이다. 이 상황에서 레티시아는 한편 고맙고, 한편 미안해서 딸을 붙들고 함께 울었다고 한다.[2]

앞의 예에서는 엄마와 딸 사이였으므로 아이를 혼내다 보니 사실을 알게 되고, 처음 생각과 달리 고마운 마음을 갖게 되었다. 하지만 잠시 책 읽는 것을 멈추고 자신이 맺고 있는 대인 관계에서 얼마나 쉽게 상대방에게 자초지종을 물어볼 수 있을지 생각해 보라. 내가 이해하기로는 대부분 관계에서 상대방에게 따져 물어보기가 어렵다. 심지어 부부 관계에서도 심중이 가지만 꼬치꼬치 물어보기가 어렵다.

이 주제를 보다 명확하게 이해하기 위해서 한 가지 질문을 하겠다. "지금까지 살면서 오해가 한 번도 풀리지 않았는가?" 이 질문을 강사 과정과 워크숍 등에서 물어보면 아무도 손을 든 사람이 없다. 언젠가 오해가 풀렸다는 이야기다. 어떻게 오해가 풀렸을까? 무언가 상대방에 대한 속사정을 알게 되었기 때문에 풀린 셈이다. 그런데 앞에서 보았듯이 우리가 맺고 있는 대부분

제6장 사회적 수준: 더불어 사는 삶을 살라

의 대인 관계는 스냅샷만을 볼 수 있을 뿐 "상대방의 속사정을 모두 알 수 없다!" 이것이 문제다. 그 결과 오해가 풀리기 어렵고, 이 과정에서 스트레스를 경험하기 쉽다.

오늘부터는 내가 갖고 있는 전제를 바꾸어야 한다. 내가 보고 들은 바는 상대방의 스냅샷에 불과할 뿐, 상대방이 왜 그러한 행동을 했는지에 관한 동영상(자초지종)을 알 수 없다. 다시 말해서 지금까지는 '내가 보고 들은 것이 사실 또는 전부'라는 전제 속에서 스트레스를 경험했지만, 오늘부터 이렇게 바꾸어야 한다. '나는 상대방의 속사정을 모두 알 수 없다.' 이렇게 전제만 바꾸더라도 대인 관계 스트레스가 '확!' 줄어든다.

기법 19 '무슨 속사정이 있나 보구나!' 하며 넘어가라

멈추라

스트레스 상황에서 하던 일을 멈추라.

생각하라

① 유용성을 생각하라. 대인 관계에서 스트레스를 경험할 때 상대방의 속사정을 모두 알 수 있을지 생각해 보라. 당연히 우리는 상대방의 속사정을 모두 알 수 없다. 그럼에도 내가 '스트

레스'를 선택할 것인가? 아니면 '건강, 행복, 성공'을 선택할 것인가? 만약 '건강, 행복, 성공'을 선택한다면 ② '상대방의 속사정을 모른다'에 초점을 두라.

실행하라

① 일단 '무슨 속사정이 있나 보구나!' 하고 넘어가라. 다소 답답하지만 내가 상대방 속사정을 모두 알 수 없다는 점을 기억하면서 일단 '무슨 속사정이 있나 보구나!' 하고 넘어가라.

② '일주일~한 달' 동안 기다려 보라. 한 강사의 경험에 의하면 대개 일주일에서 한 달 안에 상대방의 속사정을 직접 또는 간접적으로 알게 되면서 오해가 풀렸다고 한다. 따라서 이 책을 읽는 독자들도 일단 기다려 보고 다른 일에 집중하기를 권유한다.

오늘부터는 내가 갖고 있는 전제를 바꾸어야 한다.
내가 보고 들은 바는 상대방의 스냅샷에 불과할 뿐,
상대방이 왜 그러한 행동을 했는지에 관한
동영상(자초지종)을 알 수 없다.
오늘부터 이렇게 바꾸어야 한다.
'나는 상대방의 속사정을 모두 알 수 없다.'

원리 14. 스냅샷과 동영상을 구분하라

🌸.... 원리 15. 의사소통에서 최소한의 기본기를 숙달하라

우리가 상대방과 이야기할 때 상처를 주는 방식이 아니라
치유하는 방식으로 하는가를 확인하는 것이 중요하다.
－버락 오바마(Barack Hussein Obama)－

> 의사소통은 대인 간 스트레스를 줄이기 위해서도 매우 중요하다. 물론 이 책에서 의사소통을 자세하게 다룰 수 없다. 대신 여기서는 가장 핵심적인 두 가지 의사소통 기법을 다룬다. 하지만 이 두 가지 기법만이라도 잘 이해하고 터득할 경우, 보다 매끄러운 대인 관계를 맺을 수 있다.

데이비드 번즈(David Burns)는 인지행동치료 분야에서 매우 잘 알려진 정신의학과 전문의다. 그가 저술한 『Feeling Good』(1999), 『Feeling Good Together』(2008), 『Feeling Great』(2020) 모두 훌륭한 책이다. 특히 『Feeling Good』은 전 세계적으로 5백만 권 이상 판매된 바 있으며, 여기서는 사회적 수준에서 매우 효과 있는 '무장 해제' 기법을 소개해 보겠다.[3]

그는 '무장 해제'에 관한 자신의 경험을 이렇게 소개하고 있

다. 한번은 한 노신사가 비행기를 타고 필라델피아에 있는 그의 클리닉을 방문했다. 그런데 노신사는 번즈 박사를 보는 순간 나가려 했다. 왜냐하면 상도 받고 책도 쓴 꽤 유능한 치료사로 알고 왔는데 너무 새파란 애송이로 보였기 때문이었다. 이 상황에서 누구나 그러하듯 번즈 박사는 자신이 꽤 괜찮은 정신의학자라는 사실을 열거하기 시작했다. 상을 받았으며, 치료 경험이 풍부하며……. 불행하게도 번즈 박사가 노력할수록 노신사는 발걸음을 재촉해서 방문을 빠져나가려 했다. 그 순간, 번즈 박사는 상대방의 지적을 그대로 인정했다. "그렇습니다. 저는 애송이입니다." 그러자 상대방이 발길을 돌려서 치료가 시작되었다. 이 사례에서 보듯이 '무장 해제' 기법은 의사소통에서 가장 효과적인 기법이다.

한편, 자신의 입장을 상대방에게 잘 이야기할 수 있는 기법은 '기표제'이다. 다시 한번 강조하지만 이 두 가지 기법으로 모든 의사소통 문제를 해결할 수 없다. 하지만 이 기법들을 잘 활용하면 평소와 달리 매우 효과적인 의사소통이 이루어지기 시작한다. 그것도 3분 안에. 그러니 무시하지 말고 일단 적용해 보면 좋겠다.

기법 20 '무장 해제'로 접근하라

 멈추라

갈등 상황에서 일단 멈추라.

 생각하라

① 유용성을 생각하라. 상대방과의 의사소통에서 문제가 있을 때 스트레스가 증폭되는 것을 선택할 것인가? 아니면 '건강, 행복, 성공'을 선택할 것인가? 만약 '건강, 행복, 성공'을 선택한다면 ② '무장 해제'에 초점을 두라.

 실행하라

① 상대방 말에 토 달지 마라. 하고 싶은 말이 있어도 일단 토 달지 마라. 왜냐하면 토를 달게 되면 논쟁과 갈등이 길어진다. 그리고 대부분 경우 좋지 않은 방향으로 이야기가 전개되기 쉽다. 따라서 일단 토 달지 마라.
② 상대방 말을 일단 수긍하라. 토를 달지 않을 뿐 아니라 상대방 말에 적극적으로 수긍하라. 상대방 이야기를 수긍하면 상대방은 나를 더 이상 공격하지 않는다. 믿기지 않겠지만, '무장 해제' 기법은 정말 놀라운 기법이다. 다만 오랫동

안의 습성상, 우리는 상대방의 공격에 대해 순간적으로 방어적이 되며, 상대방을 공격하게 된다. 그 결과 악순환 속에 의사소통이 막히거나 관계가 악화되는 경향이 있다. 다시 한번 강조하지만 '무장 해제'는 머리로 이해가 되더라도 반복적인 연습을 통해 충분히 몸에 배었을 때 효력이 발생하기 시작한다.

만약 상대방이 나의 말을 잘못 이해하고 있다면 어떻게 해야 할까? 그와 같은 상황에서는 다음에서 소개할 기표제를 활용해 보라. 다만 '무장 해제' 기법을 적용할 때 기표제를 기억에 두지 말고, 오직 '무장 해제'에만 초점을 두라.

기법 21 '기표제'로 접근하라

 (멈추라)

스트레스 상황에서 하던 일을 멈추라.

(생각하라)

① 유용성을 생각하라. 상대방과의 의사소통에서 문제가 있을 때 단절을 선택할 것인가? 아니면 상대방과의 관계를 통해 '건

강, 행복, 성공'을 선택할 것인가? 만약 '건강, 행복, 성공'을 선택한다면 ② '기표제'에 초점을 두라.

🌷 실행하라

다음에서 보듯이 '기표제'란 세 가지 요소의 첫 글자로 구성되어 있다. 만약 상대방이 약속 시간보다 너무 늦게 나타나서 스트레스를 경험했다면, 다음과 같이 접근해 볼 수 있겠다.

① 기(기술): 스트레스 상황을 객관적으로 기술하라. 상황에 대한 기술은 '~하면' 또는 '~할 때'로 이루어진다. 이 예에서는 '약속보다 늦게 오면'이 된다. 이때 현재 상황을 객관적으로 표현하는 것이 좋다. 예를 들어, '네가 약속 시간보다 늦게 오면'으로 표현하면 된다.

② 표(표현): 자신의 감정을 진솔하게 표현하라. 스트레스 상황에서 경험한 자신의 감정을 진솔하게 표현하면 된다. '약속보다 늦게 오면, 나는 불편해/걱정돼/짜증나.'

③ 제(제안): 상대방에게 건설적으로 제안하라. 차후 스트레스 상황이 발생하지 않기 위해 당부하고 싶은 말을 하면 된다. "약속보다 늦게 오면, 나는 걱정돼/짜증나. 다음에는 약속 시간 안에 오면 좋겠어. 또는 만약 늦게 되면 미리 전화 줘."

참고로 번즈 박사는 '무장 해제'를 포함하는 EAR 기법을 최고의 의사소통 기법으로 소개하고 있다.[4] 다만, EAR을 내 입장에서 일부 수정하면 E(Empathy)는 '무장 해제', A(Assertiveness)는 '기표제', 그리고 R(Respect)은 상대방에 대한 '존중'으로 요약할 수 있겠다. 여기서 가장 기초가 되는 것은 상대방에 대한 '존중'이다. 달리 표현하면, 상대방에 대한 존중 없이 단순히 '무장 해제' 또는 '기표제'를 기계적으로 적용하면 효과가 나타나지 않을 가능성이 높다. 반면에 대인 관계 스트레스를 줄이려면 상대방에 대한 '존중'이 가장 중요한 기초가 된다.

'무장해제'와 '기표제'는 의사소통에서 가장 효과적인 기법이다.
하지만 이 기법들을 기계적으로 적용하면 효과가 나타나지 않을 가능성이 높다.
무엇보다도 상대방에 대한 '존중'이 가장 주요한 기초가 된다.

원리 15. 의사소통에서 최소한의 기본기를 숙달하라

🌹...원리 16. 갈등 상황에서 자신부터 돌아보라

먼저 네 눈 속에서 들보를 빼어라.

그 후에야 밝히 보고 형제의 눈 속에서 티를 빼리라.

−마태복음 7 : 5−

우리 모두는 대인 관계에서 갈등을 경험하면서 살게 된다. 그런데 갈등을 보는 두 가지 관점이 있다. 상당수 사람은 갈등을 나쁘다고 보면서 회피하려는 경향이 있다. 하지만 일부 사람들은 갈등을 성장의 기회로 접근한다. 이번 원리에서도 모든 갈등을 해결할 수 있는 방법을 소개하는 대신 가장 핵심적인 접근법을 소개한다. 복잡하게 엉킨 실타래도 처음 매듭을 잘 풀면 나머지가 술술 풀리기 시작하듯이 갈등을 풀기 위한 시작점은 나 자신이다. 다시 말해 **나 자신이 변하면 상대방이 변하기 시작한다.** 반면에 상대방에게 초점을 두면 해결이 안 되거나 늦어질 가능성이 높다. 상대방에게 초점을 두면 무엇이 문제일까? 상대방은 ① 방어적이 되면서 나를 공격할 가능성이 높으며, ② 설사 상대방에게 문제가 있더라도 상대방을 통제하기가 어려우며, ③ 나에게 초점을 맞추면 상대방이 바뀌기 쉽다. 그 결과, 갈등이 성장의 기회, 축복의 기회가 되며, 심지어 갈등 상황에서 상대방에게 감사할 수 있게 된다.

예전에 왕성하게 활동할 시기, 나는 외국의 저명한 교수들과 교류했으며, 그 가운데 미국 풀러신학교에 재직하던 뉴톤 말로니(H, Newton Malony) 교수도 알고 지냈다. 이 글을 쓰는 동안 아주사(Azusa) 지역 시냇가에 위치한 그의 통나무집에서 보냈던 하루가 떠오르면서 감흥이 새롭다. 당시 말로니 교수는 나에게 자신의 책『Win-Win Relationships: 9 Strategies for Settling Personal Conflicts without Waging War』(1995)[5]를 주었으나, 솔직히 말로니 교수가 준 책은 서가에만 잘 꽂혀 있었다. 그런데 이 책을 저술하면서 처음부터 끝까지 찬찬히 보게 되었다.

이 책을 읽는 가운데 가장 와닿았던 부분이 '갈등 완화는 당신으로부터 시작된다(Conflicts reduction begins with you)'에 관한 장이었다. 그는 이 장을 시작하면서 '우리는 적과 마주했는데, 그들이 바로 우리다(We have met the enemy, and they are us)'라는 미국 유명 만화작가 월트 켈리(Walt Kelly)의 말을 인용하고 있다. 결국 갈등의 원인은 나 자신이며, 따라서 갈등 완화는 나로부터 시작된다는 것이다. 그는 이 책에서 동료 교수와의 갈등을 소개하고 있다.

책의 내용을 요약하면 동료 교수가 자신의 지도 학생에게 나쁜 성적을 준 사실을 알게 되면서 갈등을 경험한다. 하지만 나중에 자신의 내면을 성찰한 결과, 성적이 근본적 문제가 아니라는 점을 깨닫는다. 갈등의 보다 근원적 이유는 자신이 일반적인 안식년 기간보다 긴 2년 만에 학교로 돌아온 후 학과 내에서 자신의 입지에 대한 불안감 등이 작용했음을 알게 된다. 일부 교수는 자신이 학교로 돌아오지 않을 것이라고 생각했으며, 자신이 없는 동안에도 학과가 잘 돌아가고 있었으며, 이 상황에서 동료 교수들이 자신을 무시하고 있다는 느낌을 받았으며, 안식년 이전에는 자신이 학과에서 중심적인 역할을 했으나 이제는 주변 역할에 머무르고 있다는 점 등을 성찰하게 된다……. 그리고 갈등을 해결하기 위해 자신으로부터 문제를 해결하게 된다.

기법 22 갈등을 자신의 성장 기회로 삼으라

멈추라

갈등 상황에서 일단 멈추라.

생각하라

① 유용성을 생각하라. 상대방과의 갈등이 증폭되기를 원하는가? 아니면 갈등을 통해 성장하면서 '건강, 행복, 성공'을 선택할 것인가? 만약 '건강, 행복, 성공'을 선택한다면 ② '성장'에 초점을 두라.

실행하라

① 나 자신을 살펴보라. 갈등 상황과 관련해서 나 자신을 살펴보라. 예컨대 상대방이 약속을 지키지 않아서 갈등을 경험하고 있다면, 나 자신은 100% 약속을 지켜 왔는가를 생각해 보라. 더 나아가 이번 갈등을 통해 차후 다른 사람과의 약속을 잘 지키기로 결단하라.

② 상대방의 비판에서 '맞는 말'이 있는가를 발견하라. 만약 상대방의 비판이나 지적 때문에 갈등을 경험하고 있다면, 상대방의 말 가운데 '일말의 진리'가 있는가를 생각해 보라. 만약 '일말의 진리'가 있다면, 이번 기회에 조금 더 발전된 방향으로 노력해 보라. 더 나아가 자신의 성장에 도움을 준 상대방에게 마음속으로 '고맙다'고 말해 보라.

복잡하게 엉킨 실타래도
처음 매듭을 잘 풀면 나머지가
술술 풀리기 시작하듯이
갈등을 풀기 위한
시작점은 나 자신이다.
다시 말해 나 자신이 변하면
상대방이 변하기 시작한다.

🌹.... 원리 17. 상대방을 사랑하기 전에 먼저 자신을 사랑하라

무슨 일을 하더라도 자기 자신을 사랑하는 것으로부터 시작하라.

－프리드리히 니체(Friedrich W. Nietzsche)－

사회적 수준에서 가장 중요한 원리는 다음 원리에서 보다 자세하게 소개하듯이 '사랑'이다. 하지만 다른 사람을 사랑하기 전에 먼저 자신부터 사랑하는 것이 중요하다. 왜냐하면 자신을 충분히 사랑하지 못하는 사람은 다른 사람을 사랑할 여력이 없기 때문이다. 따라서 이번 원리에서 자신에 대한 사랑을 다루고, 다음 원리에서 상대방에 대한 사랑을 소개하게 된다.

몇 년 전 강릉으로 이주한 후 고등학교 때부터 알던 절친들이 다녀갔다. 저녁 시간에 한 친구가 이야기했다. "나는 겸구가 화내는 것을 한 번도 본 적이 없어. 참 특이해." 그런데 이에 대해 동석했던 아내와 둘째 아들이 동의하지 않듯이 가만히 있었다. 이 상황에서 내가 친구들에게 고백했다. "실은 어려운 일이 지속되다 보니 예민해지더라고." 내가 생각해도 보통 사람에 비해 스트레스와 분노를 거의 경험하지 않는 것으로 보인다. 하지만 경제적으로 어려운 상황이 오랫동안 지속되자 나도 모르게 짜증을 내는 모습을 보게 된다. 다행히 지금은 많이 좋아지고 있다. 어쨌든, 인용구에서 보듯이 우선 나 자신을 충분히 사랑해야 한다.

잠시 지난 과거를 살펴보라. 일이 잘 풀리지 않고, 스트레스가 쌓이면 주위 환경이 못마땅하게 보인다. 불평이 늘어난다. 사람들이 미워지고 다른 사람의 사소한 행동에 대해서도 예민하게 반응하게 된다. 반면에 일이 술술 풀리고 좋은 일이 많이 일어나면 상대방에 대해 다소 불편하더라도 쉽사리 넘어가게 된다. 따라서 만약 주위 환경에 대해 부정적인 반응이 심해지면 우선 자신을 먼저 살펴보는 것이 좋다. 왜냐하면 외부 상황은 거의 대부분 경우 내부 상태의 반영이기 때문이다.

앞에서 부정적인 사례를 소개했으므로, 이번에는 긍정적 사례를 하나 소개해 보겠다. 국내 대학교에 재직할 당시 대학원생에게 전해 들은 이야기다. 50대 주부였던 대학원생에게 사춘기를 겪고 있던 여자 조카가 있었다. 그런데 이 조카가 사춘기라서 그런지 자기 엄마에 대해 불평이 많았다. "엄마는 왜 요 모양으로 나를 낳았어!" 자신의 얼굴에 대해 불만이 많았던 모양이다. 그런데 어느 순간부터 불평하지 않았다. 나중에 듣게 된 사실은 조카가 어디서 들었는지 더 이상 불평하지 않고 거울을 보면서 "나는 예쁘다……, 나는 예쁘다……, 나는 예쁘다"를 반복했다고 한다. 그러자 실제로 얼굴이 예뻐졌다. 어느 정도로? 길

173

거리 캐스팅이 될 정도로 예쁜 모습으로 변했다. 그렇다! 사랑하면 예뻐진다. 상대방을 사랑해도 예뻐지지만 자신을 사랑해도 예뻐진다. 비싼 화장품보다 더 효과가 있다. 사실 아무리 비싼 화장품을 사용하더라도 스트레스가 많으면 얼굴이 죽을상이 되고, 반면에 보통 화장품을 사용해도 자신을 사랑하면 얼굴이 훤하게 빛나면서 예뻐진다.

기법 23 먼저 자신을 사랑하라

멈추라

스트레스 상황에서 하던 일을 멈추라.

생각하라

① 유용성을 생각하라. 상대방에 대한 '미움'을 선택할 것인가? 아니면 자신의 '건강, 행복, 성공'을 선택할 것인가? 만약 '건강, 행복, 성공'을 선택한다면 ② '나를 먼저 사랑하자'에 초점을 두라.

실행하라

① 거울을 보라. 거울에 비친 나의 모습을 바라보라. 자신이 사랑스러운가? 평소 만족스럽지 않은 얼굴 부위가 눈에 띌

수도 있다. 그럴 경우, 그 부위를 무시하고 가장 만족스러운 부위에 초점을 두라. 이제 자신의 이름을 부르면서 조용히 읊조려 보라. "나는 (자신의 이름)을/를 사랑한다……, 나는 (자신의 이름)을/를 사랑한다……, 나는 (자신의 이름)을/를 사랑한다." 또는 앞의 사례처럼 "나는 예쁘다……, 나는 예쁘다……, 나는 예쁘다"를 적용하거나, "나는 잘할 수 있다……, 나는 잘할 수 있다……, 나는 잘할 수 있다"를 활용해도 좋다.

② 거울에 비친 나에게 미소를 지어 보라. 거울에 비친 자신에게 미소를 지어 보라. 아마 실습 초기에는 어색하기도 하고, 자신을 충분히 사랑하지 못할 경우 자신에게 미소를 짓지 못할 수도 있다. 그래도 괜찮다. 어색하더라도 3분 정도 자신에게 사랑과 미소를 보낸 후 일상으로 돌아오면 된다. 이때 급격한 변화를 기대하는 대신 마음속에 자그마한 변화(편한 느낌, 기분이 좋아지는 느낌)를 느낄 수 있다면 충분하다.

실습 초기에는 여기에서 소개하는 기법이 어색하거나, 자신이 사랑스럽다는 걸 느끼지 못할 수도 있다. 그럴 경우, 지금까지 살아오는 동안 부모나 친구로부터 강렬하게 사랑받았던 장면이나 가장 자랑스러웠던 장면을 먼저 떠올려 보라. 또는 내가 가장 사랑하는 한 사람을 떠올려 보라. 중요한 점은 최소한 3분

원리 17. 상대방을 사랑하기 전에 먼저 자신을 사랑하라

동안 집중해서 실습하면, 자신에 대한 긍정적 변화가 시작될 수 있다는 사실이다. 그리고 이러한 자그마한 변화는 상대방을 사랑할 수 있는 에너지를 만들어 낸다. 특히 이와 같은 실습을 꾸준히 하면 사례에서 보듯이 실제로 얼굴이 예뻐질 수 있다.

거울에 비친 나의 모습을 바라보라.
자신이 사랑스러운가?
어색하기도 하고 자신을 충분히
사랑하지 못할 수도 있다.
그래도 괜찮다.
자신에게 사랑과 미소를 보내자.

원리 17. 상대방을 사랑하기 전에 먼저 자신을 사랑하라

🌹 .... 원리 18. 사랑 에너지로 스트레스를 녹이라

사랑을 잘하는 것은 단지 연애 관계뿐 아니라,
모든 의미 있는 관계에서 중요한 과업이 된다.

─벨 훅스(Bell Hooks)─

앞 원리에서 언급했듯이 **사랑은 모든 것의 답이다.** 여기서는 사랑의 중요성을 고려해서 세 가지 기법을 소개한다. 첫째, 인간이 경험할 수 있는 가장 강력한 에너지는 사랑 에너지다. 실제로 스트레스를 경험할 때 상대방에게 '사랑 에너지'를 보내는 순간 스트레스는 사라진다. 둘째, 첫 번째 방법이 매우 강력한 기법이지만 많은 사람이 미운 상대를 사랑하기 어렵다고 말한다. 이 경우에는 적극적인 사랑이 아니더라도 상대에 대한 '연민'을 느껴도 스트레스가 쉽게 사라진다. 셋째, 일상생활에서 사랑을 쉽게 적용할 수 있는 구체적인 행동이 '친절'이다. 친절은 너무 식상할 수 있는 주제이지만 가장 쉽고도 효과적인 스트레스 관리가 된다. 왜냐하면 누군가에게 친절을 베푸는 순간 마음이 고양되며 스트레스가 쉽게 사라진다. 더 나아가 친절로 인해 나, 상대방, 사회가 밝아진다.

나 역시 종종 대인 간 스트레스를 경험하며 살고 있다(앞에서 언급했듯이 구체적인 사연은 이곳에서 밝히지 않는 것이 좋겠다. 왜냐하면 동일한 상황에 대하여 상대방은 다른 시각에서 바라볼 수 있기 때문이다). 다행스러운 점은 여기서 소개하는 매우 강력한 스트레스 관리 기법을 터득한 까닭에 내가 살면서 경험하는 대인 간 스트레스는 즉시 사라지고 있다.

사랑은 에너지다. 단순한 에너지가 아니라 매우 강력한 에너지다. 그러므로 상대방에 대한 사랑 에너지는 문자 그대로 스트레스를 순간적으로 사라지게 한다.[6] 특히 기법 24에서 소개하듯이 심장 중심으로 사랑 에너지를 모은 후, 사랑 에너지를 상대에게 쏘면, 스트레스가 순간적으로 사라진다.

사랑에 관한 두 번째 주제는 연민이다. 연민은 앞에서 소개한 사랑보다는 다소 소극적이지만 인간이라면 누구나 갖고 있다는 점에서 활용 가치가 높다. 연민과 관련해 잘 알려져 있는 사례는 뉴욕시의 경찰이었던 스티븐 맥도날드(Steven McDonald)에 관한 이야기다. 그는 1986년 7월 12일, 뉴욕의 중앙공원에서 수상한 청소년 3명을 검문하고 있었다. 그러던 중, 일행 중 한 명이었던 15살의 쉐보드 존스(Shavod Jones)가 쏜 총에 맞아서 반신불수가 되었다. 그는 3번에 걸친 총격을 받았으며 첫 번째 총알은 눈 위를 관통했고, 두 번째 총알은 목을 관통하면서 언어장애를 유발했으며, 세 번째 총알은 척추에 장애를 일으켜서 목 아래가 마비되었다. 하지만 스티븐 맥도날드는 나중에 상대방에 대한 원망 대신 연민을 느꼈다. "그를 미워할 수 없어서 난감했습니다. 그가 안됐다는 마음이 들 때가 많았

원리 18. 사랑 에너지로 스트레스를 녹여라

어요."[7] 흥미롭게도 자신을 반신불수로 만든 상대방에게 연민을 느끼자 상대에 대한 미움이 사라져 버렸다. 참고로 그는 이 사건 이후 미국 경찰의 귀감이 되어 다양한 행사에서 연설을 하고, 상을 받게 된다. 그리고 2017년 1월 10일에 열린 그의 장례식에는 추운 날씨에도 불구하고 수많은 인파가 장례식장을 덮었다.

사랑에 관한 세 번째 주제는 친절이다. 친절은 사랑을 구체적으로 나타내는 행동이며, 이 역시 매우 효과적인 기법이다. 이제 사회적 수준이 거의 마무리되고 있기 때문에 친절과 관련한 개인적 경험을 소개해 보겠다. 한번은 강릉에서 서울로 가는 KTX에 탔는데, 한 여자분이 오서서 내가 잘못된 자리에 앉아 있다고 약간 항의조로 말했다. 해서 휴대폰에 저장된 예약된 정보를 보여 드리자, 그분도 나에게 자신의 예약된 표를 보여 주었다. 두 가지 정보는 동일한 좌석임을 보여 주고 있었다. 하지만 자신의 좌석이 다른 객차의 번호임을 알게 되자 그분은 매우 미안한 표정과 함께 사과를 하며 다른 객차로 갔다. 아마 나의 친절한(?) 응대 때문에 상대방이 더 미안했던 것으로 생각된다. 조금 후 내 옆자리에 또 다른 여자분이 앉게 되었다. 그런데 가만히 눈치를 보니까 앞의 분과 동행으로 보였다. 그래서 "두 분이 함께 앉으실래요?" 하고 제안했다. 그러자 두 분이 "감사합니다" 하며 매우 기뻐했다. 나중에 알고 보니 어머니와 딸이 함께 서울로 가는데, 표를 늦게 끊다 보니 떨어져서 앉게 되었던 것이다. 이 사례에서 볼 수 있듯이 친절은 상대방의 마음을 누그러뜨리며, 상대방은 물론 나 자신의 기분을 좋게 만든다.

사실 친절에 관한 흥미로운 체험은 아주 오래전 하버드대학교 의과대학의 심장내과 의사로서 『이완 반응(Relaxation Response)』(1975)을 저술한 허버트 벤슨(Herbert Benson)과의 통화에서 느낀 바 있다. 1996년 여름에 미국 동부를 다니던 중 나는 그의 연구소를 방문하고자 전화했다. 그런데 그의 대답은 이러했다. 자신이 다른 일정상 자리에 없지만 심리학자인 그렉 제이콥스(Gregg D. Jacobs) 박사가 있으므로 연구소를 방문해도 좋다고 말했다. 그 당시 전화기를 통해 전달된 그의 목소리와 표현은 매우 부드럽고 친절했으며, 마치 천상 세계에 있는 천사의 음성처럼 들렸다. 그 순간 나도 허버트 벤슨 박사처럼 '친절'하게 응대해야 하겠다고 마음을 먹은 바 있다(하지만 곧 잊어버

사랑은 모든 것의 답이다.
사랑은 에너지다. 단순한 에너지가
아니라 매우 강력한 에너지다.
상대방에 대한 사랑 에너지는
문자 그대로 스트레스를
순간적으로 사라지게 한다.

181

리고 보통 사람처럼 살면서 이 주제를 다룰 때마다 다시 한번 각성하곤 한다). 분명한 점은 친절은 나와 상대방의 기분을 좋게 만들고, 사회를 밝게 만드는 매우 효과적인 접근법이 된다는 사실이다(차후 『스트레스에서 벗어나 천수 건강을 누리는 법』에서 소개하겠지만, 친절은 심장질환을 비롯해 다양한 질병에도 도움이 된다).

기법 24 사랑 에너지를 활용해서 스트레스를 녹이라

멈추라

대인 간 스트레스 상황에서 하던 일을 멈추라.

생각하라

① 유용성을 생각하라. 상대방에 대한 '미움'을 선택할 것인가? 아니면 자신의 '건강, 행복, 성공'을 선택할 것인가? 만약 '건강, 행복, 성공'을 선택한다면 ② '사랑 에너지를 보내자'에 초점을 두라.

실행하라

① 가슴에 초점을 맞추라. 전통적으로 사랑은 심장에 위치하는 것으로 알려져 있다. 이제 모든 의식의 초점을 가슴 가

운데에 두라(심장은 물리적으로 왼쪽 가슴에 위치하지만, 사랑 에너지 실습을 위해서는 심장이 가슴 가운데 있다고 상상하라).

② 사랑 에너지를 확장하라. 사랑 에너지가 가슴 가운데에 느껴지면 가슴으로부터 온몸으로 확충되는 것을 느껴 보라. 특히 숨을 들이마실 때마다 사랑 에너지가 점점 더 몸 전체로 퍼져 나가는 것을 상상해 보라.

③ 사랑 에너지를 상대방에게 쏘라. 사랑 에너지가 어느 정도 충분히 확장되면 사랑 에너지를 상대방에게 보내라. 이때 물리적으로 떨어져 있는 경우 강력한 사랑 에너지를 상대방에게 쏘는 장면을 상상하라. 그리고 상대방에게 사랑 에너지를 쏘면서 편한 느낌을 느껴 보라.

기법 25 상대방을 연민의 마음으로 보라

 멈추라

스트레스 상황에서 하던 일을 멈추라.

생각하라

① 유용성을 생각하라. 상대방에 대한 '미움'을 선택할 것인가? 아니면 이 상황에서도 자신의 '건강, 행복, 성공'을 선택할 것인

가? 만약 '건강, 행복, 성공'을 선택한다면 ② '연민의 마음으로 보자'에 초점을 두라.

🌱 실행하라

① 인간이 갖고 있는 취약성을 생각해 보라. 우리 모두는 '어떤 상황'에서 취약해질 수 있다. 예를 들어, 나에게 못된 짓을 하는 사람은 대개 두 가지 유형 가운데 하나에 속할 가능성이 높다. ① 일생을 사는 동안 상처를 많이 받다 보니 사람들에게 못된 짓을 하고 있다. 또는 ② 최근에 스트레스를 많이 경험하다 보니 평소와 달리 나에게 못된 짓을 하고 있다. 이때 '원리 14'에서 보았듯이 우리는 상대방의 속사정을 모두 알 수 없다는 점을 다시 생각하는 것도 도움이 된다.

② 상대방을 상처받은 아이 모습으로 보라. 상대방의 실제 모습을 보는 대신 상처받은 아이의 모습으로 그려 보라. 예를 들어, 상대방이 표면적으로는 50대의 강한 남자지만, 상처로 인해 징징 울어대는 아이의 모습으로 그려 보라. 다시 말해서 지금 나에게 못된 짓을 하는 사람이 50대 남성이 아니라 내면에서 징징거리는 아이라고 생각해 보라. 그리고 이렇게 징징거리는 아이의 불쌍한 모습을 바라보라.

③ 상대방에게 행복을 빌어 주라. 인간은 누구나 취약할 수 있

으며, 나 역시 상대방처럼 좋지 않은 환경에서 살아왔다면 상대방처럼 잘못할 수 있다고 생각해 보라. 그리고 이제 상대방에게 행복을 빌어 주라. "＿＿＿도 스트레스에서 벗어나 행복하게 살면 좋겠다." 이처럼 상대방에 대한 연민을 통해 편한 느낌을 느껴 보라.

기법 26 스트레스 상황에서 친절을 베풀라

 멈추라

스트레스 상황에서 하던 일을 멈추라.

생각하라

① 유용성을 생각하라. 대인 간 스트레스 상황에 계속 머물기를 선택할 것인가? 아니면 이 상황에서도 자신의 '건강, 행복, 성공'을 선택할 것인가? 만약 '건강, 행복, 성공'을 선택한다면 ② '친절을 베풀자'에 초점을 두라.

실행하라

① 상대는 80억 명 인구 가운데 겨우 한 명일 뿐이다. 지금 내가 경험하고 있는 대인 관계 스트레스는 전 세계 80억 명 가

원리 18. 사랑 에너지로 스트레스를 녹이라

운데 겨우 한 사람과의 관계에서 발생했다. 다시 말해서
이 상황에서도 나를 지원하고 나를 사랑하는 사람들은 무
지하게 많다. 가족, 친구, 동료, 상사, 이웃⋯⋯. 그렇다면,
나를 괴롭히는 상대방 한 명에게만 초점을 두는 대신, 나
를 사랑하는 다른 사람을 생각하면서 스트레스에서 벗어
나 보라.

② 주위 사람에게 친절을 베풀라. 대인 간 스트레스에서 벗어
날 수 있는 가장 효과적인 방법은 누군가에게 친절을 베푸
는 것이다. 따라서 대인 간 스트레스 상황에서 가족, 동료,
친구 등에게 친절을 베풀어 보라. 심지어 처음 만나는 모
르는 사람에게도 친절을 베풀어 보라. 왜냐하면 친절을 베
푸는 순간 스트레스가 순식간에 사라지기 때문이다.

③ 상대방의 반응에 대해 신경 쓰지 말라. 나의 친절에 대해 모
든 사람이 반색하지 않을 수 있다. 어떤 사람은 무덤덤하
게 반응할 수도 있고, 심지어 의심의 눈초리로 볼 수도 있
다. 물론 보다 많은 사람이 감사를 표시하거나 미소를 지
으면서 긍정적으로 반응한다. 이처럼 상대방은 다양하게
반응할 수 있으므로 크게 기대하지 않는 것이 좋다. 중요
한 점은 상대방에게 친절을 베푸는 순간 내가 기분이 좋아
진다는 사실이다.

이번 원리에서 소개하는 세 가지 기법을 모두 숙달해야 할

제6장 사회적 수준: 더불어 사는 삶을 살라

까? 물론 많을수록 좋다. 하지만 자신에게 맞는 최소한 한 가지 기법만이라도 꼭 실습하기를 권유하고 싶다. 그리고 나중에 시간이 날 때 다시 돌아와서 추가적인 기법을 실습해 보기를 권유하고 싶다. 왜냐하면 앞에서도 언급했듯이 '사랑이 답!'이기 때문이다. 사랑에 관해서는 차후 다른 책에서 더 자세한 내용을 소개하기로 하고, 이제 사회적인 수준에서 한 가지 원리를 추가로 소개해 보자.

원리 18. 사랑 에너지로 스트레스를 녹이라

지금 내가 경험하고 있는

대인 관계 스트레스는 전 세계 80억 명 가운데

겨우 한 사람과의 관계에서 발생했다.

나를 괴롭히는 상대방 한 명에게만 초점을 두는 대신,

나를 사랑하는 수많은 생각하면서

스트레스에서 벗어나 보라.

제6장 사회적 수준: 더불어 사는 삶을 살라

🌺.... 원리 19. 때로 경계를 명확히 하라

당신은 사람들이 당신을 이용하거나 남용하지 않도록
당신 자신을 사랑하고 존중해야 한다. 당신은 경계를 세우고 유지해야 하며,
상대방이 잘못 대하는 것을 허용하지 않겠다는 것을
명확하게 알게 해야 하고, 그리고 당신이 어떤 대우를
기대하고 있는지를 상대방이 알게 해야 한다.

―지넷 코론(Jeanette Coron)―

앞에서는 대인 간 스트레스를 해결하기 위해서 사랑을 비롯해서 적
극적인 원리와 기법을 소개했다. 하지만 불행하게도 인간관계에는 때
로 경계가 필요한 상황이 있다. 흥미롭게도 관계(關係)의 뜻은 빗장 관
(關)과 이을 계(係)의 합성어이다. 이을 계(係)는 사회적 관계에서 연결
을 의미하므로 쉽게 이해된다(그리고 앞에서 강조했듯이 '사랑'이 핵
심 원리가 된다). 한편, 빗장이란 집 문이나 성문에서 볼 수 있듯이 외
부인 또는 적군으로부터 경계가 필요함을 보여 준다. 특히 불행하게도
독성적인(toxic) 대인 관계에서는 경계가 필요하다. 여기서는 경계가
필요한 상황에서 사용할 수 있는 간단한 방법을 소개해 보겠다.

대학교 시절 평소 성실한 후배가 씩씩거리면서 하던 말이 지
금도 기억난다. 그 당시 자세한 상황은 모르겠으나 갑작스럽게

후배가 하는 말. "내가 만만해 보이는 모양인데, 내가 가만 두나 보세요. 그동안 잘해 주었더니 멋대로 나를 부려 먹어." 후배가 속했던 동아리(어떤 동아리인지 알지만 다른 후배들이 주인공을 알 수 있으므로 생략하겠다)에서 무언가 기분 나쁜 일이 있었던 모양이다. 어쨌든 이 후배는 나중에 국립대학교 교수를 역임하고 지금은 은퇴해서 잘살고 있다.

이러한 사례가 어찌 후배에게만 벌어지겠는가? 너무 착하게 행동하면 상대방이 쉽게 이용하는 경향이 있다. 경계를 느슨하게 하면 상대방은 심지어 나를 무시하기도 한다. 그 결과 대인 간 스트레스가 발생하기도 한다. 따라서 대인 간 스트레스를 줄이기 위해서는 때로 상대방과의 경계를 명확하게 할 필요가 있다. 이 주제와 관련해서는 앞에서 소개한 '기표제'를 비롯해서 주장적 표현이 매우 효과적인 방법이 된다. 하지만 주장적 표현을 익히려면 시간이 많이 소요된다. 또 다른 방법으로는 상대방을 피하거나 심지어 상대방과 싸울 수도 있다. 하지만 이러한 방법 역시 바람직하지 않다. 따라서 여기서는 상대방을 '3분' 안에 제압할 수 있는 보다 간단한 방법을 소개해 보겠다.

제6장 사회적 수준: 더불어 사는 삶을 살라

기법 27 상대방을 티끌처럼 만든 후 '훅!' 하고 날려 보내라

멈추라

스트레스 상황에서 하던 일을 멈추라.

생각하라

① 유용성을 생각하라. 나를 괴롭히는 상대방을 그대로 놔두거나, 피하거나, 싸우기를 선택할 것인가? 아니면 '건강, 행복, 성공'을 선택할 것인가? 만약 '건강, 행복, 성공'을 선택한다면 ② '티끌처럼 날려 보내자'에 초점을 두라.

실행하라

다른 기법과 달리, 이번 기법은 5단계로 이루어진다. 하지만 실제 걸리는 시간은 그리 길지 않으므로 미리 걱정하지 말고 절차대로 따라 해 보기 바란다.

① 상대방의 모습을 떠올리라. 눈을 감고 상대방 모습을 떠올려 보라. 그러면 조금 후에 상대방 모습이 떠오르기 시작한다.
② 상대방을 아주 작게 만들라. 상대방 모습이 떠오르면 상대

방 머리 위에 손가락을 올려놓고, 머리부터 발끝까지 한 번에 '쭉' 하고 줄여서 아주 작게 만들라(심상이기 때문에 가능하다).

③ 작아진 상대방을 손바닥 위에 올려놓으라. 이제 작아진 상대방을 오른손으로 들어서 왼손 손바닥에 올려놓으라(왼손을 주로 사용하는 사람은 왼손으로 들어서 오른쪽 손바닥에 올려놓으면 된다).

④ 상대방을 오른손 엄지손가락으로 짓이기라. 왼쪽 손바닥에 놓여 있는 상대방을 오른손 엄지손가락을 사용해서 시계 방향으로 반복해서 짓이기면서 티끌처럼 작게 만들라(왼손을 주로 사용하는 사람은 왼손 엄지손가락을 사용하면 된다).

⑤ 티끌처럼 만들어진 상대방을 '훅!' 하고 날려 보내라. 이제 티끌처럼 작게 만들어진 상대방을 '훅!' 하고 날려 보내라.

이 원리는 우여곡절 끝에 최종적으로 소개하기로 결정했다. 이번 원리는 몇 가지 이유에서 삭제했었다. 하지만 '3분 스트레스 관리 클럽'에 참여한 한 분이 이 주제에 관한 질문을 하셨다. 따라서 사랑을 비롯한 다른 적극적인 원리와 함께 경계에 관한 원리를 균형 있게 소개하는 것이 적절한 것으로 보인다.

불행하게도 독성적인 대인 관계에서는
경계가 필요하다.
대인 간 스트레스를 줄이기 위해서는
때로 상대방과의 경계를
명확하게 할 필요가 있다.

원리 19. 때로 경계를 명확히 하라

제7장

영적 수준: 고차적 삶을 살라

어떤 순간에도 당신에게는 두 가지 선택이 있다.

영혼에 더 가까이 가든가 아니면 영혼으로부터 더 멀어질 수 있다.

–틱낫한(Thích Nhất Hạnh)–

영적 수준에서 우리에게 주어진 과제는 합존(合存)이다. 다시 말해서 신과 합치하는 삶이 바로 영적 수준이 된다. 만약 신을 믿지 않는 독자들은 우주와의 합치라고 생각해도 좋다. 그런데 이러한 합치에서 벗어나면 어떻게 될까? 우리 모두 중력의 원리를 알고 있다. 만약 중력의 원리를 무시하고 높은 곳에서 떨어지면? 그 결과는 모든 독자가 아실 것이다.

영적 수준과 관련해서 우리 모두는 초월 욕구(Transcendence Need)가 있다. 초월 욕구란 우리가 3차원 세계에서 경험하고 있는 오감을 초월해서 고차적 존재에 대한 갈망을 의미한다. 이러한 초월 욕구는 역사 이래 모든 문화에서 발견되고 있으나,[1] 내면에 깊숙하게 내재해 있어서 평소에는 인식되지 못하기도 한다. 하지만 초월 욕구의 만족은 다른 것으로 해결될 수 없다.

영성에 관한 의미 있는 책을 지속적으로 저술하고 있는 캐롤라인 마이스(Caroline Myss)[2]는 현대인의 위기를 다음과 같이 진단한다. "위기는 일반적으로 삶의 의미와 목적 부재에 대한 자각에서 시작된다. 그런데 이러한 [영적] 공허감은 외적 조건을 바꿈으로써 치료될 수 없다. 사람은 보다 깊은 갈망을 느끼며, 단순히 봉급 인상이나 승진, 결혼이나 새로운 관계를 통해서 만족할 수 없다. 일상적인 해결은 전혀 매력을 주지 못한다."[3] 이 인용문을 의역하면 봉급 인상을 통한 신체적 욕구(예: 의, 식, 주)가 해결되고, 승진을 통한 심리적 욕구(예: 자존심)가 해결되고, 결혼을 통해 사회적 욕구가 해결되더라도, 영적 욕구에 대한 갈망은 채워지지 않는다. 따라서 앞에서 소개한 신체적 수준, 심리적 수준, 사회적 수준에서 욕구가 만족되더라도 영적 욕구가 만족되지 않으면 스트레스를 경험할 수밖에 없다.

앞에서 소개한 신체적 수준, 심리적 수준, 사회적 수준에 비해서 영적 수준은 얼핏 이해하기가 쉽지 않다. 특히 20세기에 이르러 과학의 발전이 급속하게 이루어지면서 객관적으로 검증할 수 없는 영성이 인간의 삶에서 멀어지기 시작했다. 하지만 최근 양자 역학과 뇌과학의 발전에 따라 21세기에 들어서면서

제7장 영적 수준: 고차적 삶을 살라

영적 수준이 과학의 관점에서 하나씩 밝혀지고 있다. 이에 대해서는 차후 다른 책에서 보다 자세하게 소개하기로 하고, 여기서는 영적 수준에 관한 두 가지 주제를 언급한 후, 이어서 관련된 연구를 소개하기로 하겠다.

우선 이 책에서 소개하는 영성(spirituality)은 종교(religion)와 동일하지 않다. 영성의 핵심은 초월이며, 내가 강조하는 초월은 크게 4가지로 구성된다. 시간 초월(timeless), 공간 초월(boundless), 자아 초월(egoless), 노력 초월(effortless). 그런데 만약 종교 생활(예: 철야기도, 십일조, 봉사)의 이유가 자신과 가족이 잘살기 위해서라면 영성이 매우 낮다고 볼 수 있다. 반대로 특정한 종교 생활을 하지 않더라도 앞에서 언급한 초월을 추구한다면 영성이 높다고 볼 수 있다.

그렇다면 왜 영적 수준에서 스트레스 관리가 필요할까? 이 책에서 소개하는 네 가지 수준은 위계적으로 구성되어 있다. 일반적으로 신체적 수준 위에 심리사회적 수준이 위치하며, 심리사회적 수준 위에 영적 수준이 위치한다. 한 예로, 분노 상태는 수많은 생리화학적 변화를 초래한다. 그 결과 분노를 적절하게 조절하지 못하면 심장질환을 비롯해 수많은 질병으로 고생하고, 심지어 조기 사망에 이르게 된다. 마찬가지로 개인의 영성 수준에 따라서 심리사회적 상태가 영향을 받게 마련이다. 예를 들어, 좋은 기독교인을 추구할 경우, '정직하고, 성실하며, 친절하며……' 등이 자연적으로 결정된다.

특히 신체적, 심리적, 사회적 수준에서의 스트레스 관리가 조건적으로 효과가 나타나는 반면, 영적 수준에서의 스트레스 관리는 거의 무조건적 또는 절대적으로 효과가 나타날 수 있다. 예를 들어, 불치병으로 고생하던 사람이 영적 접근을 통해 기적적인 치유 경험을 하기도 하며, 기도는 시간과 공간을 초월해서 효과가 나타날 수도 있다(이러한 주제는 독자의 믿음 체계에 따라 불편할 수 있으므로 이 정도로 하는 것이 좋겠다).[4]

영적 수준과 관련해서 한 가지 흥미로운 연구는 소위 '테레사 수녀 효과'로 불린 연구이다. 하버드대학교 심리학자인 데이비드 매클러랜드(David C. McClelland) 교수는 여러 가지 흥미로운 연구를 수행한 바 있다. 그 가운데 하나는 다음과 같다. 132명의 하버드대학교 학생에게 50분 정도 분량의 두 영화를 보여 주었다. 한 집단은 테레사 수녀에 관한 영화를 보여 주었으며, 또 다른 집단에게는 히틀러에 관한 영화를 보여 주었다. 이때 영화를 보여 주기 직전, 직후, 그리고 한 시간 후에 침에 들어 있는 면역계인 IgA를 측정했다. 그 결과, 테레사 수녀의 활동을 본 집단의 면역계가 히틀러의 활동을 본 집단에 비해 뚜렷하게 높게 나타났다. 뿐만 아니라 이러한 증가는 한 시간 후까지 지속되었다.[5] 이러한 결과는 영적인 활동을 보기만 해도 우리의 몸에서 긍정적 효과가 나타난다는 흥미로운 결과를 보여 주고 있다.

앞에서 언급했듯이 영성의 특징은 초월이며, 여기서는 3분 스트레스 관리 개념에 적합한 세 가지 원리를 소개한다. ① 인생을 멀리 보라(시간 초월), ② 인생을 높은 관점에서 보라(공간 초월), ③ 고차적 의미를 발견하며 살라(자아 초월).

영적 수준에서 우리에게 주어진 과제는 합존(合存)이다.

영적 수준과 관련해서 우리 모두는 초월 욕구가 있다.

초월 욕구란 우리가 3차원 세계에서 경험하고 있는 오감을 초월해서

고차적 존재에 대한 갈망을 의미한다.

제7장 영적 수준: 고차적 삶을 살라

🌹.... 원리 20. 인생을 멀리 보라

무엇이 발생하더라도, 이것도 역시 사라질 것이다.

−엘라 윌콕스(Ella Wilcox)−

사람들은 심각한 스트레스 상황에서 스트레스에 함몰되는 경향이 있다. 이 세상이 무너질 것 같은 공황 상태를 경험하기도 한다. 하지만 지나고 보면 생각보다 심각하지 않음을 종종 경험하게 된다. 이처럼 이번 원리에서는 현재 시간을 초월해서 인생을 길게 보면서 스트레스에서 쉽게 벗어나는 원리를 소개한다.

신체적 수준에서 언급했듯이 나는 1973년부터 1976년까지 신성한 국방의 의무를 수행했다. 당시에는 부당한 체벌(특히 엉덩이 체벌)이 심했다. 하루는 새벽에 집합을 당했다. 고참이 이렇게 말했다. "야, 이놈들아, 어제 저녁에 내가 '달이 밝은데' 했지?" 이어서 "내가 달이 밝은데 했으면 막걸리를 받아 와야 할 것 아냐?" 그리고 매를 맞았다. 아니 차라리 술을 받아 오라고 명령했으면 술을 사 올 수도 있었다. 그런데 '달이 밝은데'가 과연 '술 받아 오라'는 뜻임을 어떻게 알았겠는가? 이런 일들이 비일비재했다. 이처럼 전혀 예상하지 못한 상태에서 그저 매를 맞왔다. 특히 엉덩이를 맞을 때 가장 두려웠던 점은 잘못 맞으면 허리를 다칠 수 있다는 점이었다(그 당시 군대 생활을 하던 중 허리를 다치고 장애인이 되어서 소위 의가사 제대를 하는 경우가 종종 있었다).

흥미로운 점은 매를 맞을 당시 그렇게 엄청났던 스트레스가 제대 후에는 아무렇지도 않다는 점이다. 사실 군대에서 경험했던 대부분 스트레스는 하나의 무용담이 되곤 한다. 이러한 무용담은 군대 생활을 한 사람이라면 익히 잘 알고 있을 것이다.

잠시 살면서 가장 심각했던 스트레스 상황을 기억해 보라. 만약 기억이 나면 지금도 심각한지 살펴보라. 대부분 경우 지난날에는 매우 심각했으나(심지어 곧 죽을 것 같은 경험을 하기도 한다) 지금은 아무렇지도 않다.

인생을 살다 보면 나쁠 때도 있고 좋을 때도 있다. 지금 나쁜 상황도 시간이 지나면 그렇게 심각하지 않음을 알게 된다. 마치 솔로몬 왕의 반지에 적혀 있다고 전해지듯이 "이 또한 지나가리라." 더 나아가 앞에서 언급했듯이 재미있는 추억거리가 되기도 한다. 이처럼 인생을 길게 조망해 보면 우리가 경험하게 되는 대부분 스트레스가 별 게 아니라는 걸 터득할 수 있다.

기법 28 타임 머신을 타고 10년 후를 미리 가 보라

멈추라

스트레스 상황에서 멈추라.

생각하라

① 유용성을 생각하라. 현재 스트레스 상황에 '함몰'될 것인가? 아니면 '건강, 행복, 성공'을 위해서 인생을 멀리 볼 것인가? 만약 '건강, 행복, 성공'을 선택한다면 ② '멀리 보자'에 초점을 두라.

실행하라

① 10년 후를 미리 가 보라. 10년 후를 미리 가 보라. 예를 들어, 올해가 2024년이므로 2034년으로 미리 가 보라. 그리고 2034년에 내가 몇 살이 될지? 어떤 일을 하고 있을지? 가족 관계는 어떻게 될지? 취미 생활은 무엇을 할지? 친구들은 무얼 할지? 등을 생각해 보라.

② 10년 후 관점에서 현재를 바라보라. 10년 후 시점에서 현재 스트레스 상황을 살펴보라. 아마 조금 전까지 심각했던 스트레스의 강도가 줄어들었을 것이다. 예를 들어, 실연이나 실직으로 인한 스트레스도 10년 후에는 예상하지 못

한 멋있는 사람을 만날 수도 있고, 지금보다 더 좋은 일을
할 수 있다는 가능성을 생각만 해도 스트레스가 사라지게
된다.

인생을 살다 보면
나쁠 때도 있고
좋을 때도 있다.
이 또한 지나가리라.

제7장 영적 수준: 고차적 삶을 살라

🌿 .... 원리 21. 인생을 높은 관점에서 보라

당신의 삶과 걱정들이 우주에 있는 다른 것들과 비교하면
얼마나 왜소한지를 보라……．
그 결과 당신은 앞에 펼쳐진 삶을 즐기게 된다.
그러한 관점은 당신에게 내적인 평안을 누리게 한다.

－에드워드 깁슨(Edward Gibson)－

앞선 원리에서는 시간 초월을 다루었다. 이번에는 공간 초월을 다루어
보자. 다시 말해서 현재 수준보다 좀 더 높은 차원에서 보면 역시 웬만
한 스트레스가 쉽게 사라진다.

국내 대학교 재직 시절 대구에서 서울까지 비행기를 자주 이
용했다. 다행스럽게 비행기를 편하게 이용할 수 있을 만큼 연구
비가 풍부했고, 일정 기간 가족이 서울에 거주하기도 했고, 원
서 구입 등 일을 보기 위해서도 자주 비행기를 이용하였다. 하
루는 비행기에서 아래를 내려다보자 모든 것이 작게 보였다. 그
순간 살면서 경험하는 스트레스 역시 작게 느껴졌다. 많은 사람
이 산을 좋아한다. 깨끗한 공기, 아름다운 자연을 보는 순간 가
슴이 펑 뚫린다. 하지만 산 정상에서 아래를 내려다보면(또는

책의 표지와 같은 장엄한 자연 위에서 내려다보면) 무어라 형언할
수 없는 기분 좋은 느낌이 든다. 그리고 이때 느끼는 감정 가운
데 하나는 비행기에서 내려다볼 때처럼 일상생활에서 경험하
는 자질구레한 스트레스들이 순간 날아가는 시원한 느낌이다.

중국 선교의 아버지로 불리는 허드슨 테일러(James Hudson
Taylor) 이야기 가운데 하나는 이렇다. 이 이야기는 언젠가 설교
에서 들었던 내용인데 내 기억에 의지해서 소개해 보겠다(이 이
야기를 특정 종교를 위한 이야기로 받아들이지 않으면 좋겠다). 하루
는 그가 전도를 위해서 배를 타고 건너려고 표를 산 후 기다리
고 있었다. 그런데 배가 출발하기 전에 그 당시 중국 문화에서
볼 수 있는 상황이 발생했다. 한 남자가 두 여자를 거느리고 와
서 거만하게 얘기했다. "내가 이 배를 타고 건너가야 하니까 당
신은 빠져." 허드슨 테일러가 표를 이미 구매했어도 자기가 건
너가야 하므로 빠지라는 이야기다. 그 순간 허드슨 테일러는 화
가 났다. 자신도 배를 타고 강을 건너가야 계획된 일을 할 수 있
는데 갑작스럽게 나타나서 거만하게 행동하는 모습을 보면서
화가 난 것이다(아마 두 여자를 거느리는 건방진 모습도 영국 선교
사의 눈에는 거슬리는 행동이었다고 생각된다). 그 순간 든 생각.
"이놈을 강에 확 밀어 버릴까?" 그러나 곧이어 "그래도 내가 하
나님의 종인데"라는 생각이 들면서 상대방을 강물에 빠뜨리려
는 충동에서 벗어나게 되었다.[6]

이 예에서 보듯이 좀 더 고차적인 관점에서 현재 상황을 보면

현실 세계에서 경험하는 스트레스를 쉽게 이겨 낼 수 있다.

기법 29 고차적 수준에서 보라

 (멈추라)

스트레스 상황에서 멈추라.

(생각하라)

① 유용성을 생각하라. 현재 스트레스 상황에 '함몰'될 것인가? 아니면 좀 더 '고차적인 수준'에서 바라보면서 스트레스를 초월해서 '건강, 행복, 성공'을 원하는가? 만약 '건강, 행복, 성공'을 선택한다면 ② '고차적 수준에서 보라'에 초점을 두라.

(실행하라)

이제 본격적으로 고차적 수준에서 보는 기법에 집중해 보라.

① 고차적 수준에서 보라. 현재 스트레스 상황을 비행기에서 내려다본다고 상상해 보라. 또는 높은 산 정상에서 내려다 본다고 상상해 보라. 더 나아가 우주선에서 스트레스 상황을 내려다본다고 상상해 보라. 필요할 경우 비행기나 산에

원리 21. 인생을 높은 관점에서 보라

서 내려다보면서 스트레스가 쉽게 사라졌던 경험을 기억해 보라.

② '~라면'을 적용해 보라. 지금 당면하고 있는 스트레스 상황을 가장 잘 대처할 수 있는 위대한 인물(이순신, 세종대왕, 링컨, 간디, 테레사 수녀 등)을 떠올려 보라. 예를 들어, 조직에서 자신과 반대 입장에 있는 사람 때문에 스트레스를 받고 있다면 링컨처럼 포용하는 모습을 상상해 보라. 또는 종교를 갖고 있는 독자라면 '예수님'이라면 또는 '부처님'이라면 이 상황에서 어떻게 했을까를 상상해 보라.

제7장 영적 수준: 고차적 삶을 살라

현재 스트레스 상황을 비행기에서
내려다본다고 상상해 보라.
또는 높은 산 정상에서
내려다본다고 상상해 보라.
더 나아가 우주선에서 스트레스 상황을
내려다본다고 상상해 보라.
그러면 스트레스가 쉽게 사라진다.

원리 21. 인생을 높은 관점에서 보라

🌸 .... 원리 22. 고차적 의미를 발견하며 살라

'왜' 사는가에 대해 확립된 사람들은
거의 대부분의 '어떻게' 살 것인가에 대해 견뎌 낼 수 있다.
—빅토 프랑클(Viktor E. Frankl)—

인생을 살다 보면 잘 풀릴 때도 있고 어려울 때도 있다. 어려움의 정도도 가벼울 때도 있고 심각할 때도 있다. 특히 극심한 스트레스 상황에서는 많은 사람이 그 상황에 함몰되면서 우울이나 심지어 자살 충동에 빠지기도 한다. 하지만 이와 같은 상황을 이겨 낼 수 있는 가장 효과적인 방법은 어려운 상황에 대한 고차적인 의미를 발견하는 것이다. 다시 말해서 세속적으로 먹고사는 주제에 함몰되지 않고 고차적 의미를 발견하면 현재의 어려움이 더 이상 고통이 되지 않는다. 그 결과 객관적으로 극심한 어려움도 쉽게 초월하면서 벗어날 수 있게 된다.

빅토 프랑클(Viktor E. Frankl)은 나치 시대에 아우슈비츠(Auschwitz)를 비롯해 네 군데 수용소를 전전했다. 짐작할 수 있듯이 수용소 생활은 처참하다. 폴란드는 겨울이 매우 춥다. 겨울에 작업 나갈 때 신는 신발이 부실해서 찬 바람이 숭숭 들어온다. 그러니 신발을 신고 싶지 않다. 하지만 이러한 신발이라도 신어야 한다. 왜냐하면 신발을 신지 않으면 그야말로 얼어붙은 땅을 맨발로 걸어가야 하기 때문이다. 식사 역시 겨우 입에 풀칠할 정도라 간에 기별도 가지 않는다. 하지만 소량의 식사라도 해야 한다. 왜냐하면 식사를 하지 않아서 쓰러지면 그다음 날 가스실로 불려 가 이 세상을 하직해야 하기 때문이다.

그는 이처럼 처절한 상황 속에서도 살아남는다. 그리고 자신의 경험에 기초해 볼 때 '삶의 목적'이 뚜렷했던 사람들은 살아남고, 그렇지 못한 사람들은 혹독한 환경 속에서 죽어 가게 됨을 발견한다.

하루는 이와 같은 처참한 상황에서 매우 흥미로운 경험을 한다. 자신이 밝은 조명 아래, 따뜻하고, 쾌적한 강의실에서 '수용소 심리학' 강의를 하는 모습을 그리게 된다. 강의실에는 청중들이 주의 깊게 자신의 강의에 열중하고 있다. 이러한 모습을 그리자 처참한 환경을 초월하고 고통이 순간적으로 사라짐을 체험하게 된 것이다.[7] 그렇다. 우리가 아무리 처참한 환경에 놓이더라도 그 상황에 대한 고차적인 의미를 발견하는 순간 고통과 스트레스는 사라진다. 그것도 순간적으로.

앞에서 내가 경제적 어려움을 겪고 있다고 언급한 바 있다. 물론 나의 경제적 어려움은 빅토 프랑클이 경험한 처참한 수용소 생활과는 차원이 다르다. 하지만 분명한 점은 나 역시 소명을 추구하고 있기 때문에 경제적 어려움을 잘 이겨 내고 있는 것으로 보인다는 것이다. 나의 소명은 건강심리학자로서 대한민국 국민, 미국을 비롯한 전 세계 교민, 그리고 더 나아가 전 세계 지구촌 사람들이 '스트레스에서 벗어나 건강, 행복, 성공의 삶을 살 수 있도록 돕는 것이다.' 그런 까닭일까? 아무리 어려운 상황에서도 나의 소명을 생각하는 순간 힘이 솟아오르고 신이 난다. 물론 그 순간 스트레스는 '획' 하고 사라진다.

한 가지 추가로 언급할 점은 비록 '고차적 의미'가 아니더라도 '긍정적 의미'를 찾는 순간, 웬만한 스트레스가 쉽게 사라질 수 있다는 사실이다. 예를 들어 학업에 대한 스트레스로 고생하던 학생이 '왜' 공부해야 하는가에 대한 '긍정적 의미'를 찾으면 스트레스를 이겨 내기 쉽다. 마찬가지로 직장 생활에서 어려움을 겪던 직장인이 '왜' 직장 생활을 해야 하는가에 대한 '긍정적 의미'를 찾으면 역시 스트레스를 이겨 내기 쉽다. 다만 '긍정적 의미' 발견이 일상적인 스트레스에는 도움이 되지만, 극심한

'긍정적 의미'를 찾는 순간,
스트레스가 쉽게 사라질 수 있다.
사실 대부분 위인들은 극심한
스트레스를 견뎌 낸 사람들이다.
그리고 극심한 스트레스 상황일수록
'고차적 의미' 발견이
매우 중요한 비결이 된다.

제7장 영적 수준: 고차적 삶을 살라

스트레스 상황에서는 별로 효력이 없을 가능성이 높다. 반면에 '고차적 의미'를 발견하면 극심한 스트레스도 너끈히 이겨 낼 수 있다(빅토 프랑클의 사례는 얼핏 '긍정적 의미' 발견으로 보일 수 있으나, 그가 '삶의 목적'을 강조하고 있다는 맥락에서 보면 '삶의 목적'에 기반한 '고차적 의미' 발견으로 볼 수 있겠다). 사실 대부분 위인들은 극심한 스트레스를 견뎌 낸 사람들이다. 바꾸어 이야기하면 만약 현재 스트레스를 경험하고 있다면, '긍정적 의미' 또는 '고차적 의미'를 발견하지 못하고 있다는 반증이기도 하다. 그리고 극심한 스트레스 상황일수록 '고차적 의미' 발견이 매우 중요한 비결이 된다.

기법 30 고차적 의미를 발견하며 살라

 멈추라

스트레스 상황에서 멈추라.

🛋 생각하라

① 유용성을 생각하라. 현재 경험하고 있는 스트레스 상황에 '함몰'될 것인가? 아니면 좀 더 '고차적 의미'를 발견하면서 보다 높은 차원의 '건강, 행복, 성공'을 선택할 것인가? 만약 '건강, 행복, 성공'을 선택한다면 ② '고차적 의미를 발견하자'에 초점을 두라.

이제 본격적으로 고차적 의미 발견에 집중해 보라.

① 직접 또는 간접 경험을 기억해 보라. 지금 경험하고 있는 어려움과 비슷한 상황에서 고차적 의미를 발견했던 경험을 기억해 보라. 또는 책 등을 통한 다른 사람들의 간접 경험을 기억해 보라.

② 가능하면 자연환경에서 실시하라. 고차적 의미를 발견하기 좋은 환경은 자연환경이다. 왜냐하면 자연환경에서는 무언가 자신보다 더 장엄한 세계를 저절로 느끼기 때문이다. 실제로 자연환경에서는 영적 수준의 핵심 정서 가운데 하나인 경외감(awe)을 보다 잘 경험하게 된다.

③ 기도를 활용하라. '고차적 의미'를 발견할 수 있는 가장 효과적인 방법은 '기도'이다. 여기서 '기도'란 특정 종교에서 실행하는 방법을 의미하지 않는다. 자신이 처한 상황을 전심으로 신/우주와 대화하면서 의미를 찾으면 된다. 이때 중요한 점은 마음을 열고 신/우주로부터 전해지는 메시지에 귀를 기울여야 한다. 이러한 기도를 오랫동안 할 필요는 없다. '3분' 동안 전념해서 기도한 후 기다리는 것이 기도의 요체가 된다. 전심으로 기도하면 흥미롭게도 우연을 벗어나서 TV, 가족, 친구, 책 등을 통해 답을 얻을 수 있게 된다.

케네디 대통령이 나사(NASA, 미항공우주국)를 방문했을 때다. 그곳에서 청소하는 인부에게 물었다. "당신은 이곳에서 무엇을 합니까?" 이 질문에 대해 청소부가 대답했다. "저는 달나라에 가는 우주선을 보내는 데 일조를 하고 있습니다."[8] 이처럼 사회적 지위에 상관없이 자신의 일을 하나의 소명으로 여기는 사람들이 꽤 많다. 중요한 점은 이처럼 소명으로 일할수록 더 건강하고, 더 행복한 삶을 살 가능성이 더 높다는 사실이다.[9]

처음에는 '고차적 의미' 발견이 어렵거나 시간이 걸릴 수도 있다. 하지만 반복해서 실습하다 보면 나중에는 '3분'이 아니라 '1분' 안에 고차적 의미를 발견할 수 있다. 따라서 시간이 걸린다고 포기하지 말고 꾸준하게 실습해 보는 것이 좋다. 참고로 우리가 경험하는 스트레스—특히 극심한 스트레스—는 영적으로 성장할 수 있는 절호의 기회다. 실제로 많은 사람이 심각한 스트레스 상황일수록 영적으로 성장할 수 있는 매우 귀중한 기회가 된다는 사실을 체험하고 있다. 그리고 이러한 영성 체험은 다른 경험과 달리 놀라운 열락(悅樂)을 경험할 수 있는 기회가 된다. 무엇보다 극심한 스트레스조차도 너끈히 넘어설 수 있는 놀라운 체험을 할 수 있다.

원리 22. 고차적 의미를 발견하며 살라

영성 체험은 다른 경험과 달리
놀라운 열락을 경험할 수 있는 기회가 된다.
극심한 스트레스조차도 너끈히 넘어설 수 있는
놀라운 체험을 할 수 있다.

제7장 영적 수준: 고차적 삶을 살라

에필로그

어제보다 나은 삶을 살라

이것은 끝이 아니다. 심지어 마지막의 시작도 아니다.

다만 시작의 마지막일 뿐이다.

- 윈스턴 처칠(Winston Churchill)-

이 장은 마무리 장이다. 연극에서 볼 수 있듯이 이 장은 마지막이 아니라, 1막의 마지막 부분으로 볼 수 있다. 이제 '3분 스트레스 관리'를 충분히 숙달하면서 새로운 차원의 여정을 떠나보도록 하자.

이 책을 다 읽은 독자들에게 진심으로 축하의 말씀을 드리고싶다. 바쁜 삶 속에서 22가지 원리를 살펴보고 30가지 기법을실습하는 것이 만만치 않았으리라 생각된다. 한편, 전인적 조망에서 '3분 스트레스 관리'를 이해하고 터득함으로써 예전보다더 쉽게 스트레스에서 벗어날 수 있을 것으로 생각된다. 그것도3분 안에. 아마 일부 기법을 통해서는 30초 안에 스트레스에서 벗어나는 경험도 했을 것으로 생각된다. 반면에 때로는 아직 몸에 체득되지 않아서 3분 이상 스트레스로 고생하고 있을 수도 있겠다고 짐작된다. 분명한 점은 이 책에서 소개하는 30가지 기법을 숙달하면 문자 그대로 3분 안에 또는 그보다 적은 시간 안에 스트레스에서 벗어날 수 있다(사실 책에서 소개하는 내용을 교과서처럼 적용할 필요는 없다. 각 원리와 기법을 참조하면서 자신의 형편에 맞게 창의적으로 접근해도 좋다). 이번 기회에 효과적인 기법들을 터득하면서 '3분' 안에 스트레스에서 쉽게 벗어날 수 있기를 진심으로 기원한다.

이 장은 마무리 장이다. 솔직히 직접 독자 한 분, 한 분 만나서 진심으로 축하를 드리고 싶다. 그리고 선물도 드리고 싶다. 이러한 나의 꿈은 국제스트레스관리협회를 통해서 하나씩 실현될 수 있을 것으로 기대해 본다.

책을 마무리하면서 스트레스 관리와 관련한 몇 가지 주제를 소개해 보겠다.

🌹 '3분 스트레스 관리'가 정말로 효과 있는가

이 책에서 소개하는 '3분 스트레스 관리'는 다른 사례에서도 효용성이 나타난 바 있다. 앞에서 질 테일러 박사 등을 소개한 바 있지만, 세 가지 사례를 추가로 소개함으로써 '3분 스트레스

에필로그 **어제보다 나은 삶을 살라**

관리'가 실제로 효과가 있음을 살펴보기로 하자.

아론 벡(Aron T. Beck)

인지치료의 대가인 아론 벡은 과도한 울음을 보였던 여성 우울증 환자를 대상으로 치료의 시작, 중간, 끝 단계에서 '3분'이라는 시간을 제한함으로써 성공적인 결과를 보여 준 바 있다.

> 어떤 환자는 치료 회기 동안 치료를 거의 진행할 수 없을 정도로 울었다. 과도한 울음은 치료 장면 밖에서도 문제를 야기했다. 그녀는 울지 않고는 대화를 할 수 없었다. 여러 번 자기 조절 절차를 시도했으나 실패로 끝난 후 환자의 동의하에 치료자는 면접을 구조화하여 치료의 시작, 중간, 끝 시기에 3분 동안 우는 시간을 할당했다. 이 절차는 치료 장면 안과 밖 모두에서 환자의 울음을 제한하는 데 성공적이었다.[1]

이 사례에서 볼 수 있듯이 울지 않고는 대화조차 할 수 없었던 우울증 환자에게 3분이라는 시간 제한을 두자 실제로 성공적인 치료 결과가 나타났다.

🐾 핼 엘로드(Hal Elrod)

『미라클 모닝(The Miracle Morning)』의 저자인 핼 엘로드는 1999년 12월 3일 밤 끔찍한 자동차 사고를 당했다. 그 결과 두 개골이 함몰되고, 왼쪽 귀가 거의 잘려 나가고, 왼쪽 팔이 부러지고, 팔꿈치가 산산조각 나고, 골반이 세 토막으로 갈라지고, 대퇴골이 두 동강 나는 등 대형 사고가 발생했다. 다행히 긴급 구조대가 도착했으나 차를 잘라 내고 구하는 과정에서 엄청난 출혈과 함께 심장박동과 호흡이 멈추면서 의학적으로 사망했다가 6분 후에 의식을 되찾았다.

병원에서도 6일 동안 혼수 상태에 있다 깨어났으며, 의료진은 평생 걷지 못할 수도 있다고 판단했다. 하지만 그는 3주 후에 걷게 되었고, 건강을 되찾았을 뿐 아니라, 울트라 마라톤을 완주하기도 했다. 또한 주방용 칼로 유명한 컷코(Cutco)에서 최고 매출 기록을 세우면서 전국 챔피언 영업 매니저라는 영광의 자리에 올랐다. 또한 앞에서 언급한 대로『미라클 모닝』을 출판하면서 세계적인 베스트셀러 작가가 되었다.

그는 어떻게 전문 의료진의 걱정과 달리 건강을 되찾고 명성을 날리게 되었을까? 매우 단순하지만 강력한 효과가 있는 '5분 법칙'을 적용했기 때문이다. 그는 사고가 나기 전에도 컷코에서 일하고 있었는데 멘토 가운데 한 사람이 '5분 법칙'을 알려 주었다. '5분 법칙'이란 어떤 좋지 않은 일이 생겼을 때 부정적인 감

에필로그 **어제보다 나은 삶을 살라**

정에 빠질 수 있지만 5분 이상 넘어서는 안 된다는 법칙이다. 예를 들어, 스트레스 상황에서 5분 동안 상대방에 대해서 욕하고, 불평하고, 마음껏 감정을 분출할 수 있지만, 5분 안에 멈춰야 한다. 그리고 바꿀 수 없는 일에 에너지를 쏟는 대신 자신의 목표에 집중하면서 그 목표를 이루기 위해 당신이 할 수 있는 일에 집중하는 것이다.[2]

핼 엘로드는 '5분' 법칙을 활용해서 역경을 이겨 냈지만, 굳이 5분을 기다릴 필요가 있겠는가? 이 책에서 소개하고 있듯이 '3분 법칙'을 적용하면 된다. 그럼에도 '3분'이라는 시간이 불가능하게 느껴진다면 한 가지 사례를 추가로 살펴보자.

스트레스 상황에서 3분 동안
마음껏 감정을 분출할 수 있지만,
3분 안에 멈춰야 한다.
바꿀 수 없는 일에 에너지를 쏟는
대신 자신의 목표에 집중하면서
그 목표를 이루기 위해
당신이 할 수 있는 일에 집중해야 한다.

'3분 스트레스 관리'가 정말로 효과 있는가

🌿 데이빗 폴레이(David J. Pollay)

더 짧은 시간 안에 스트레스에서 벗어날 수 있는 가능성은 『3초간(The Law of the Garbage Truck: Take Control of Your Life with One Decision)』이라는 책에서 볼 수 있다. 데이빗이 책을 쓰게 된 사건은 다음과 같다. 어느 날 뉴욕에서 택시를 타고 가던 중 갑자기 주차하고 있던 차가 튀어나와서 급정거를 하게 되었다. 그런데 이렇게 튀어나온 차의 운전자가 도리어 화를 내면서 가운데 손가락을 사용해서 상스러운 몸짓을 했다. 이 상황에서 화가 더 나게 된 이유는 택시 기사가 상대 운전사에게 미소를 지으며 친절하게 손을 흔들어 주고 있었기 때문이다.

그는 택시 기사에게 따졌다. 그러자 택시 기사가 이렇게 대답했다.

> "대부분 사람들은 마치 쓰레기차 같아요. 절망감, 분노, 짜증, 우울함 같은 쓰레기 감정을 가득 담고 돌아다니거든요. 쓰레기가 쌓이면 그것을 쏟아 버릴 장소를 물색하게 되지요. 그러니 누군가가 얼토당토않게 화를 내고 신경질을 부리더라도 너무 기분 나빠 하지 마세요. 그냥 미소를 지은 채 손을 흔들어 주고는 다른 일에 주의를 돌리세요. 제 말을 믿으세요. 틀림없이 전보다 더 행복해지실 겁니다."[3]

에필로그 어제보다 나은 삶을 살라

그는 이 경험을 토대로 '3초간' 법칙을 쓰게 된다. 요점은 동일한 상황에서 스트레스를 경험할지 아니면 행복을 선택할지 굳이 3분을 허비할 필요가 없다는 것이다. 3초면 충분하다.

이처럼 '3분 스트레스 관리'와 유사한 사례들을 충분히 찾아볼 수 있다.[4] 다만, 이 책을 다른 책들과 비교하면 ① 권위 있는 책(Jill Taylor, 2006)과 논문(Piazza와 동료들, 2013)에 기초하고 있으며, ② 나의 경험과 강사를 비롯해서 다수의 실제 사례를 통해 입증된 바 있으며, 무엇보다 ③ 전인적 수준에서 종합적으로 소개하고 있으며, ④ 제어 이론이라는 튼튼한 이론에 기초하고 있다는 점이다.

제어 이론과 관련해서는 부록에서 소개하고 있으므로, 여기서는 한 가지만 강조하는 것이 좋겠다. 독자들이 익히 잘 알고 있듯이 자동온도조절기를 20℃에 맞추면 결국 20℃가 된다. 반면에 24℃에 맞추면 결국 24℃가 된다. 이처럼 설정 온도에 따라서 방 안 온도가 달라진다. 스트레스 관리도 마찬가지다. 3분 안에 벗어나겠다고 결단하고 꾸준히 실습하면 결국은 3분 안에 벗어날 수 있다. 불행하게도 대부분 사람들은 이와 같은 '시간'을 정하지 않고 평소 습관대로 지내다 보니 수십 분, 수 시간, 심지어 몇 달 동안 스트레스로 고생하는 셈이다. 3분은 '최대한'의 시간이며 가능하면 90초 또는 10초 안에 벗어날 수 있다는 점을 기억하면서 보다 빠른 시간 안에 스트레스에서 벗어나서 자신이 진정으로 원하는 삶을 살 수 있기를 다시 한번 진심으로 기원한다.

다시 한번 강조한다. 누구나 3분 스트레스 관리가 가능하다!

🌹....스트레스 관리에 관한 다른 주제들

이 책으로 모든 스트레스 관리가 이루어질까? 물론 아니다. 이 책은 스트레스 관리에 관한 가장 기초가 되는 2부작의 하나다. 가능하면 이 책의 자매편인 『Optimal 스트레스 관리』를 살펴볼 수 있기를 바란다. 이 책의 목적은 빠른 시간 안에 스트레스에서 벗어나는 데 있다. 한편, 독자들은 책을 읽으면서 스트레스에서 근원적으로 벗어나지 못함을 아쉬워했을 가능성이 있다. 반면에 『Optimal 스트레스 관리』를 읽으면 근원적으로 스트레스에서 벗어나 자유롭게 살 수 있다. 책에서 종종 스트레

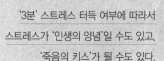

'3분' 스트레스 터득 여부에 따라서
스트레스가 '인생의 양념'일 수도 있고,
'죽음의 키스'가 될 수도 있다.

스에서 벗어나 '자유'로운 삶을 표현하고 있지만, 진정으로 자유로운 삶은 'Optimal 스트레스 관리'를 통해서 이루어질 수 있다. 하지만 'Optimal 스트레스 관리'를 익히기 위해서는 다소 시간이 걸릴 수 있다. 따라서 우선 '3분 스트레스 관리'를 통해 스트레스에서 빨리 벗어나고, 이어서 'Optimal 스트레스 관리'를 통해서 근원적으로 스트레스에서 벗어나 자유로운 삶을 살 수 있기를 진심으로 기원한다.

더 나아가 조만간 스트레스 관리에 관한 세 가지 책을 출간할 계획이다. 건강(스트레스에서 벗어나 '천수 건강'을 누리는 법), 행복(스트레스에서 벗어나 '매일 행복'하게 사는 법), 성공(스트레스에서 벗어나 '최고의 나'로 사는 법). 하지만 다시 한번 강조하면 다른 주제에 우선해서 이 책이 스트레스 관리에서 가장 기초가 된다. 왜냐하면 앞에서도 강조했듯이 일반적으로 급성 스트레스(인생의 양념)는 문제가 되지 않고, 만성 스트레스(죽음의 키스)가 다양한 질병을 유도하고 심할 경우 조기 사망을 초래하기 때문이다. 따라서 책에서 소개하는 원리와 기법을 익혀서 급성 스트레스가 만성 스트레스로 진행되지 않도록 하는 것이 스트레스 관리에서 가장 중요한 관건이 된다.

책을 마치면서 실습을 충분히 소개하지 못해서 매우 아쉽다. '3분 스트레스 관리'에 관해 추가로 도움을 받기 원하는 독자들은 국제스트레스관리협회(aceful.or.kr)에서 진행하는 '3분 스트레스 관리 클럽'에 참여하는 것을 권하고 싶다. 참고로 '3분 스

스트레스 관리에 관한 다른 주제들

트레스 관리 클럽'에서는 책에서 소개한 세 단계 과정에 덧붙여 P(Pursue, 자신이 진정으로 원하는 것을 추구하라)가 추가로 포함됨으로써 보다 완성된 형태(STOP)가 된다. 탐지기에서 멈추고(Stop), 조절기에서 생각하고(Think), 실행기에서 실행하고(Operate), 그리고 동기기에서 추구하라(Pursue). 이러한 4단계는 자신이 경험하고 있는 스트레스 문제를 근원적으로 해결할 수 있는 또 다른 접근법이 된다(다시 한번 강조하면 책에서 소개한 3단계를 통해서 누구나 3분 안에 스트레스에서 벗어날 수 있다. 다만 자신의 스트레스 문제를 보다 근원적으로 해결하고 싶은 분은 'STOP' 또는 'Optimal 스트레스 관리'로 접근하면 된다).

🌸.... 전인적으로 접근하라

이 책은 스트레스 관리를 전인적으로 접근하고 있다. 이에 대해서 책 전체를 통해 소개하고 있지만, 몇 가지 주제를 정리하는 것이 좋겠다.

첫째, 스트레스 상황에서 '통제 가능성'을 고려해 보는 것이 도움이 된다. 우리가 경험하는 스트레스는 통제 가능성 차원에서 0에서 10까지 존재한다. 아무리 애써도 전혀 통제할 수 없는 상황(예: 사랑하는 사람의 죽음)에서부터 마음만 먹으면 쉽게 통제할 수 있는 상황(예: 평소에는 늦게 일어나지만 여행을 위해 아침 일

찍 일어나는 상황)까지 다양하다. 자신이 쉽게 통제할 수 있는 스트레스는 심리적 수준의 기법을 활용하고, 통제할 수 없는 스트레스일수록 영적 수준에서 소개한 기법을 활용하는 것이 효과적이다. 그리고 중간의 경우 사회적 수준에서 소개한 기법들을 활용하는 것이 좋다(그리고 신체적 수준의 기법은 기초가 된다).

둘째, 이번 기회에 자신이 보유하고 있는 '대처 자원'을 한 번 점검하는 것도 좋다. 우선 우리 각자는 크게 세 가지 대처 자원을 보유하고 있다. 예를 들어, 살아가면서 돈이 필요하기 때문에 우리는 대부분 일을 통해 돈을 번다(개인적 대처 자원). 한편, 사업을 시작하면서 돈이 부족할 경우 은행, 가족, 친구 등으로부터 돈을 빌리기도 한다(사회적 대처 자원). 그런데 불행하게도 사업이 파산해서 어느 누구로부터 도움을 받지 못하는 상황이 되면 고차적 자기를 믿으면서 어려움을 극복할 수도 있고, 고차적 자기에 대한 믿음이 없기 때문에 절망에 빠지기도 한다(영적 대처 자원). 참고로 나에게 강사 훈련을 받은 사람 가운데는 사업 실패로 인해 투신하려고 한강 다리에 갔다가 다행히 실행에 옮기지 않은 사람이 있다. 요점은 이 사례에서 보듯이 가능하면 대처 자원이 풍부할수록 좋다는 것이다. 이 책을 읽는 독자들도 풍부한 대처 자원을 보유함으로써 다양한 스트레스 상황을 잘 극복할 수 있으면 좋겠다.

셋째, 앞에서 언급한 바 있듯이 다양한 기법을 터득하는 것이 좋다. 특히 우리가 경험하는 스트레스의 속성이 다르기 때문에

전인적으로 접근하라

각 차원별로 최소한 한 가지 기법을 숙달할 수 있으면 좋겠다. 더 나아가 종합적으로 접근할 수 있으면 더 좋다. 예를 들어, 심각한 스트레스 상황에서 ① 우선 복식 호흡을 통해 '위급 상태'에서 벗어나 '평상 상태'를 회복하면서(원리 1, 1분 정도), ② 인생을 길게 보면서(10년 후를 미리 가서 현 상황을 보라, 원리 20, 1분 정도), ③ 이 상황을 통해 성장할 수 있는 행복 렌즈로 보게 되면(원리 9, 1분 정도), 스트레스에서 손쉽게 벗어날 수 있다. 이처럼 각 수준별로 다양한 기법을 충분히 숙달함으로써 어떠한 스트레스 상황에서도 '3분' 안에 스트레스에서 벗어날 수 있기를 진심으로 기원한다.

각 기법을 머리로 이해하는 것으로는 충분하지 않다. 실제로 3분 안에 스트레스에서 벗어날 수 있어야 한다. 기법들이 너무 단순해서 일부 독자들은 마음속으로 '우습게' 생각할 수 있다. 다시 한번 강조하면 '3분' 스트레스 관리 터득 여부에 따라서 스트레스가 '인생의 양념'일 수도 있고, '죽음의 키스'가 될 수도 있다.

🌸.... 어제보다 더 나은 자신을 추구하라

어떤 상황에서는 스트레스 관리가 매우 잘된다. 하지만 때로 뜻대로 되지 않을 때도 있다. 이 상황에서 실망하기도 하고 좌절감을 겪는 사람도 있다. 그리고 속으로 생각한다. '내가 그렇지. 나는 스트레스 관리를 잘할 수 없어.'

혹시 이런 생각이 든 적이 있는가? 좌절감이나 자책감은 좋지 않다. 왜냐하면 스트레스 관리를 포기할 수 있기 때문이다. 사람은 기계가 아니다. 한 번 만에 스트레스 관리가 잘될 수 없다. 중요한 점은 꾸준히 실습하다 보면 어느새 상당한 수준으로 스트레스 관리가 잘되고 있는 모습을 볼 수 있다는 것이다. 따라서 꾸준하게 반복해서 실습하는 것이 중요하다. 앞에서도 언급했듯이 그런 의미에서 당분간은 상비약을 준비하듯이 이 책을 벗 삼아 자주 살펴보기 바란다.

이제 아쉽지만 작별 인사를 드려야 하겠다. 이 책을 읽는 모든 독자가 어제보다 더 나은 삶을 살 수 있길 바란다. 특히 3분 안에 스트레스에서 벗어나 더 건강하고, 더 행복하고, 더 성공적인 삶을 살 수 있기를 진심으로 기원한다.

좌절감이나 자책감은 좋지 않다
스트레스 관리를 포기할 수 있기 때문이다.
사람은 기계가 아니다.
한 번 만에 스트레스 관리가 잘될 수 없다.
중요한 점은 꾸준히 실습하다 보면
어느새 상당한 수준으로
스트레스 관리가 잘되고 있는 모습을 볼 수 있다.
따라서 꾸준하게 반복해서 실습하는 것이 중요하다.

에필로그 **어제보다 나은 삶을 살라**

부록 1

배경 이론

    이 책에서 소개하는 3분 스트레스 관리는 제어 이론(control theory)에 기초하고 있다.[1] 제어 이론이란 제어 시스템에 관한 이론이며, 일반 용어로는 자동 시스템 또는 자동 기계에 관한 이론이다. 우리 주위에는 자동 기계가 많다. 자동차, 냉장고, 엘리베이터, 에스컬레이터, 자동 문 등. 뿐만 아니라 인간의 체온, 혈압, 혈당, 수분, 수면 등도 저절로 제어된다. 더 나아가 지구를 비롯한 우주도 저절로 움직이고 있다. 이처럼 제어 이론은 자동 기계, 인간, 우주를 통괄해서 이해할 수 있는 거대 이론이 된다.

    제어 시스템의 핵심 요소를 이해하기 위해서 우리 주위에서 쉽게 볼 수 있는 자동온도조절기[그림 1]를 예로 들어 보자. 한 겨울 아침에 출근해서 사무실에 설치된 자동온도조절기를 작동한다고 가정해 보자. 개인에 따라 원하는 온도가 다르지만, 한 예로 20℃를 틀었다고 가정해 보자. 이 상황에서 자동온도조절기 내부는 어떤 핵심 요소가 있으며, 각 핵심 요소는 어떤 기능을 수행할까?

자동온도조절기 내부의 첫 번째 핵심 요소는 탐지기(sensor/detector)로 사무실 안의 온도를 측정한다. 한겨울에 방금 자동온도조절기를 작동시켰기 때문에 5℃라고 가정해 보자(참고로 탐지기란 일상 용어에서 '센서'다).

두 번째 핵심 요소는 조절기(regulator/controller)로 이 경우에는 설정된 온도(20℃)와 실제 온도(5℃) 간에 차이가 크기 때문에 열을 만들어 내라는 선택/결정을 하게 된다(사실은 실행기에

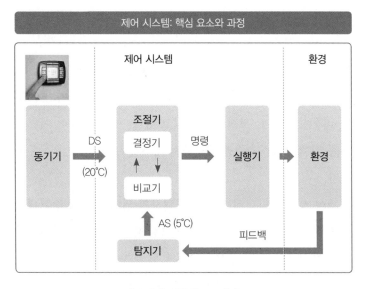

[그림 1] 자동온도조절기

연결됨으로써 실행기가 작동되기 시작한다).

그리고 마지막 핵심 요소는 실행기(actuator/effector)로 실제로 열을 발생하기 시작한다. 일상생활에서 보일러 또는 히터가 바로 실행기이다. 흥미롭게도 캔디스 퍼트에 따르면 우리 몸 안에 있는 모든 세포에도 이러한 세 가지 핵심 기능(탐지기, 조절기, 실행기)이 작동함으로써 세포가 정상적으로 기능하게 된다.[2]

한편, 제어 이론에서 흥미로운 개념 가운데 하나는 '피드백'으로 실제 상태에 관한 정보를 지속적으로 되받게 된다(피드백 개념은 제어 이론에서 나왔다). 그 결과, 시간이 지나면서 실제 온도가 설정 온도와 합치한다. 다시 말해서 처음에는 5℃였으나 시간이 지나면서 실내 온도가 높아지면서 설정 온도(20℃)와 같아진다. 그리고 이 상태가 되면 조절기는 더 이상 열을 만들지 않는 선택/결정을 하고, 이러한 선택/결정에 의해 보일러/히터가 작동을 멈춘다(실제로는 보일러나 히터에 연결이 끊어진다).

이 예에서 볼 수 있듯이 외부에서 특정한 온도가 설정되면 자동온도조절기 내부에 있는 탐지기, 조절기, 실행기가 작동하면서 문제를 해결한다. 짐작할 수 있듯이 이 책에서 소개하는 3분 스트레스 관리는 자동온도조절기의 세 가지 핵심 기능에 기초하고 있다. 다시 말해서 '3분 스트레스 관리'를 위해서는 ① 멈추고(탐지기), ② 생각하고(조절기), ③ 실행하면(실행기) 된다. 물론 스트레스 문제가 해결될 때까지 피드백 과정이 진행된다. 이처럼 제어 이론으로 접근해 보면 스트레스 문제가 너무 쉽게 이해되고 효과적으로 사라질 수 있다.

마무리하기 전에 한 가지 강조할 점은 어떤 '설정점(set point)'을 정하는가가 중요하다는 사실이다. 앞선 예에서 20℃를 설정하면 결국 실내 온도는 20℃가 된다. 반면에 18℃를 선택하면 결국 실내 온도는 18℃로 귀결되며, 28℃를 선택하면 결국 실내 온도는 28℃로 귀결된다.

마찬가지로 '3분 스트레스 관리'를 설정하면 결국 3분 안에 스트레스에서 벗어나게 된다. 불행하게도 대부분 사람들은 이와 같은 설정점이 없다. 그 결과, 스트레스가 오랫동안 지속되는 안타까운 현상을 보게 된다. 모쪼록 이 책을 읽는 독자들은 3분 스트레스 관리를 마음속에 결단하고, 실제로 스트레스에서 3분 안에 벗어날 수 있기를 진심으로 기원한다.

부록 2

장애 요소 및 해결 방안

'3분 스트레스 관리'는 매우 단순하면서도 효과적이다. 실제로 '3분 스트레스 관리'로 접근하면 3분 안에 스트레스에서 벗어나는 놀라운 효과를 체험하게 된다. 하지만 때로 장애 요소로 인해 효과가 잘 나타나지 않을 수 있다. 따라서 주요 장애 요소 및 그에 대한 해결 방안을 미리 알아 두는 것이 좋다.

멈추라(Stop)

스트레스에서 벗어나려면 우선 멈추어야 한다.

바쁜 삶(Busyness): 바쁘다 바빠!

현대인의 삶은 바쁘다. 아침에 일어나서 밤에 잠들기까지 쉴

새 없이 달려가는 경향이 있다. 이러한 현상을 'busyness'라고 표현한다. 실제로 많은 사람은 스트레스 상황에서도 스트레스를 해결하기보다는 그저 달려가기에 바쁘다.

아무리 바쁜 삶을 살더라도 하루 86,400초 가운데 180초(3분) 정도는 누구나 투자할 수 있다. 180초조차 시간을 낼 수 없는 사람은 다만 마음이 바쁘다 보니 시간을 낼 수 없다고 생각할 뿐이다. 사실 3분조차 시간을 낼 수 없는 사람일수록 스트레스 관리가 더욱 절실하게 필요한 사람이다. 이번 기회에 '3분 스트레스 관리'를 터득하면서 자신이 진정으로 원하는 삶을 살면 좋겠다.

🌱 부적 편향(negativity bias): 사람들은 긍정 정보보다 부정 정보에 더 민감하다

불행하게도 사람들은 긍정 정보보다 부정 정보에 더 민감하다. 이러한 현상을 잘 보여 주고 있는 것이 소위 '부적 편향(negativity bias)'이다. 예를 들어, 대부분 부모님은 자녀가 공부를 잘할 때보다 성적이 나쁠 때 더 많은 관심을 갖는 경향이 있다. 이와 관련해서 수많은 사례가 축적되어 있으나,[3] 여기서는 이 정도로 언급하는 것이 좋겠다. 다만 기억할 점은 부정적인 측면에 초점을 두면 그 순간 스트레스를 경험한다는 사실이다.

따라서 스트레스 상황에서도 긍정 렌즈로 사물을 보는 훈련이 필요하다. 참고로 모든 사물은 긍정적 측면과 부정적 측면이 상존한다. 이처럼 부정 렌즈 대신에 긍정 렌즈로 보는 연습을 하다 보면 스트레스 상황에서 벗어나 행복을 체험할 수 있다(원리 9 참조).

🌸 ...생각하라(Think)

생각을 통해 적절한 선택을 결정해야 한다.

🌸 정서적 납치(emotional hijacking): 정서가 생각을 지배한다

생각과 정서는 매우 밀접하게 연결되어 있다. 흥미롭게도 이 두 가지 기능은 단계별로 상반된 효과로 나타난다. 정서 발생 단계에서는 생각에 따라 정서가 발생하는 경향이 있다(생각 → 정서). 하지만 일단 정서가 발생하면 정서가 생각을 지배하게 된다(정서 → 생각). 예를 들어, 화가 난 상태에서는 합리적인 생각이 잘 작동되지 않는다. 왜냐하면 앞에서 소개했듯이 스트레스 상황은 마치 맹수를 만났을 때처럼 위급 상황이기 때문이다. 달리 표현하면 우리는 이러한 상황에서 내가 죽느냐 상대방이 죽느냐의 '생존 모드(survival mode)'에 빠지며, 이러한 상황에서는 이성적인 사고가 마비되는 '정서적 납치(emotional hijacking)'에 빠지는 경향이 있다.

스트레스 상황에서는 이성적 사고 대신 일단 호흡 등을 통해 '생존 모드'에서 '정상 모드'로 돌아오는 것이 중요하다. 이 경우에서 보듯이 스트레스 상황에서 매우 효과적인 기법 가운데 하나가 바로 복식 호흡이다(원리 1 참조). 마찬가지로 '걷기' 등을 비롯한 신체적 이완이 매우 효과적인 접근이 된다(원리 5 참조).

흰 곰 이야기: 흰 곰을 생각하지 않으려면 더 떠오른다

사람들은 스트레스에서 벗어나길 원한다. 그래서 마음먹는다. "그래 잊자." 그런데 웬걸. 마음속에서 없애려고 노력해도 자꾸 떠오른다. 참 당황스러운 현상이다. 이와 관련해서 흥미로운 연구가 있다. 바로 하버드대학교 심리학과 교수였던 댄 웨그너(Daniel M. Wegner)의 연구이다.[4] 연구 결과를 간략히 소개하면 참여자들에게 '흰 곰'을 생각하지 말라고 지시한 결과, '흰 곰'이 계속 떠오르는 현상이 나타났다. 마찬가지로 스트레스 상황을 생각하지 않으려 해도 계속 그 생각이 떠오르고 맴돌게 된다.

이에 대한 해결책은 웨그너 교수의 후속 연구에서 찾아볼 수 있다.[5] '흰 곰'을 생각하지 않으려 노력하는 대신 '폭스바겐' 차를 생각하라고 지시하자 '흰 곰'이 잘 떠오르지 않게 되었다. 이처럼 스트레스 상황을 벗어나려는 '소극적' 방법보다 스트레스 대신 다른 무언가에 집중하는 '적극적' 방법이 효과적이다. 예를 들어, 스트레스 상황을 잊으려 노력하는 대신 '노래를 부르는 활동'이 더 효과적이다. 이러한 '주의 전환'은 통증마저 사라지게 하는 매우 효과적인 '3분 스트레스 관리'가 된다(원리 6 참조).

🌸 실행하라(Operate)

실제로 실행해야 효과가 나타난다.

🌸 실행 의도(implementation intention): 'if……. then'으로 접근하라

우리는 어떤 것을 선택 결정한 후에도 제대로 실행하지 못하는 경향이 있다. 예를 들어, 나쁜 음식을 먹지 않기로 결정했지만……. 맛있는 음식을 보는 순간 "그래, 오늘까지는 먹고 내일부터 먹지 말자." 운동하기로 결정했지만……. "오늘은 피곤하니까 쉬고 내일부터 운동하자." 그 결과 스트레스 관리를 위한 동기가 저하되기 쉽다.

실행력을 증진하려면 'if……. then'으로 접근하는 것이 효과적이다. 예를 들어, '막연하게' 운동하겠다고 계획하는 대신 "저녁 식사를 마치면 30분 걷겠다"라고 접근하는 방식이다. 이러한 방식은 매우 단순히 보이지만 미국 뉴욕대학교 심리학과 피터 골비처(Peter M. Golliwitzer) 교수를 비롯해 여러 연구에서 매우 효과적으로 나타나고 있다.[6]

습관 효과(habit effect): 습관은 시간이 걸린다

새로운 기법이 몸에 체득되려면 시간이 걸린다. 때로는 뜻대로 잘되지 않을 수도 있다. 이 상황에서 "나는 별수 없어"라는 좌절감, 후회, 죄책감을 경험하면서 스트레스 관리를 포기하는 분들도 있다. 이처럼 '죄책감' 등의 마음 상태는 문제를 해결하기보다 더 깊은 수렁에 빠지게 만든다.[7] 이때 기억해야 할 점은 '습관 효과'이다.

반복적으로 실습하다 보면 습관은 저절로 터득된다. 시간 문제일 뿐이다. 이러한 현상은 뇌과학에서 잘 확립되어 있다. 반복해서 실습하면 뇌의 뉴런이 생성되고 연결되면서 새로운 사고와 행동이 이루어질 수 있다. 그렇다면 어느 정도 기간 동안 실습이 필요할까? 최신 연구에 의하면 평균 66일로 나타났다.[8] 물론 주제에 따라 더 적게 걸릴 수도 있다. 나의 경험으로는 1달 정도 꾸준히 실습하다 보면 자신의 변화된 모습을 알게 된다. 자신이 알기 전에 주위 사람이 변화를 알아차릴 수 있으며 이러한 변화는 가장 흥미진진한 경험이 될 수 있다.

복식 호흡법

내가 이해하는 한 호흡법은 매우 다양하다. 내가 호흡법을 소개하던 1990년대에는 약 300개 이상의 호흡법이 알려졌다. 요즘은 수천 가지 호흡법이 전해지고 있다. 다만 이 책에서는 일반인들이 쉽게 배울 수 있는 방법을 소개하고자 한다.

🌺 복식 호흡에 도움이 되는 조건

🐝 장소

매우 상식적이지만 아무래도 조용한 장소가 좋다. 시장처럼 번잡한 장소에서는 호흡에 집중하기 쉽지 않다. 따라서 다른 사람이나 소음 등이 차단된 장소에서 실시하는 것이 좋다. 예를 들어, 집 안에서 호흡법을 실시할 경우 다른 가족이 방해하지 않도록 미리 양해를 구하거나 방문 앞에 '복식 호흡 중'이라는 팻말을 걸어 놓으면 좋다.

복장

몸에 긴장을 유발할 수 있는 안경, 목걸이 등을 풀어 놓고 호흡을 실시하는 것이 좋다. 여자의 경우 브래지어도 풀어 놓는 것이 좋다. 물론 다른 사람이 함께 있는 곳이라면 할 수 있는 만큼만 이완에 도움이 되는 방법을 적용하면 된다. 특히 복식 호흡에서 중요한 부위가 배 부위이므로, 실시하기 전에 잠시 눈을 감고 배 부위를 느껴 보라. 만약 배 부위에서 조이는 느낌이 있다면 벨트를 풀거나 입고 있는 옷을 잠시 풀어서 최소한 배 부위만이라도 긴장에서 벗어나 이완 상태에서 실시하는 것이 좋다.

자세

호흡 자세는 눕거나, 의자에 앉거나, 방바닥에 앉거나, 서서 하게 된다. 이 가운데 초심자에게 가장 좋은 자세는 누워서 하는 자세이다. 왜냐하면 누워서 호흡할 때 배가 오르고 내리는 것을 잘 느낄 수 있기 때문이다. 이때 배 위에 다소 무거운 물건(두꺼운 책 등)을 올려놓으면 배가 오르고 내리는 것을 더 잘 느낄 수 있다. 또한 방바닥에 앉아서 할 때는 굳이 가부좌 자세를 취할 필요가 없으며 편한 자세로 호흡을 하면 된다. 그리고 서서 할 때는 두 발을 어깨넓이로 벌리고 실시하면 된다. 한편, 대부분 상황에서 눕거나, 방바닥에 앉거나, 서서 하기보다는 의자에 앉아서 실시하는 경우가 많다. 따라서 여기서는 의자에 앉아서 호흡하는 방법을 소개하고자 한다[그림 2]. 이때 무엇보다 허리를 곧게 펴는 것이 중요하다. 다시 말해서 등을 의자에서 떼어 놓고 허리를 곧게 펴는 것이 좋다(다른 자세도 마찬가지로 허리를 편 상태에서 실시하는 것이 중요하다).

단서

우리는 끊임없이 무엇인가를 생각하면서 산다. 흔히 '5만 가지 잡생각'이라는 표현이 있는데, 실제 연구에 의하면 보통 하

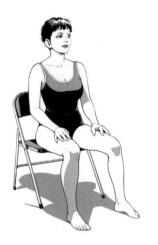

[그림 2] 복식 호흡 자세

복식 호흡에 도움이 되는 조건

루에 4만에서 6만 가지 잡생각을 하며 산다. 그 결과 호흡하는 동안에도 잡념이 떠오를 가능성이 있다. 그리고 잡념이 떠오르면 우리가 목적하는 이완과 반대인 긴장 상태가 된다. 따라서 만약 잡념이 떠오르면 재빨리 호흡에 다시 집중해야 한다. 그러기 위해서는 미리 특정한 신체 부위(예: 단전, 코끝, 발끝)나 특정한 단어(예: 편하다, 이완, 하나)를 미리 생각해 두는 것이 좋다. 그리고 잡념이 떠오르면 재빨리 미리 선택한 신체 부위나 단어에 집중할 필요가 있다. 자, 이제 어떤 신체 부위 또는 어떤 단어를 활용할지 결정했으면 본격적으로 복식 호흡을 시작해 보자.

🌹 복식 호흡을 위한 3단계

🌱 1단계

새로운 것을 배우려면 먼저 현재 상태를 살펴보아야 한다. 이제 눈을 감은 후 왼손을 가슴 위에, 그리고 오른손을 배 위에 올려놓으라. 그리고 평소대로 호흡하면서 주로 어느 손이 많이 움직이는가를 느껴 보라. 주로 가슴이 움직이는가, 아니면 배가 움직이는가? (흥미로운 사실은 평소에 복식 호흡을 한 번도 배우지 않은 사람도 배가 주로 움직일 수 있다. 마음 가는 대로 몸이 따라가기 때문이다. 복식 호흡이 좋다고 생각하는 순간 우리 몸은 어느새 복식 호흡을 시작하게 되는 셈이다).

🌾 2단계

자, 이제 본격적으로 복식 호흡을 실습해 보도록 하자. 눈을 감은 상태에서 가능한 대로 왼손(가슴 부위)은 움직이지 않고 오른손(배 부위)이 주로 오르고 내리도록 호흡을 해 보라. 이때 복식 호흡에 도움이 되는 심상을 활용하면 더 좋다. 예를 들어, 왼손은 잔잔한 포구에 정박되어 있는 배처럼 움직임이 없다고 상상해 보라. 반면에 오른손은 태평양을 지나는 배처럼 태평양의 높은 파도와 함께 오르락내리락하는 모습을 상상하면서 호흡해 보라. 이와 같은 심상을 활용하면 조금 후에 왼손은 움직임이 없고 오른손만이 올라갔다가 내려가게 된다. 드디어 복식 호흡이 이루어지는 셈이다.

🌾 3단계

이제 가슴이 움직이지 않고 주로 배 부위가 움직이면 양손을 무릎 위에 가볍게 올려놓으라. 우리는 숨을 내쉴 때 이완감을 느낀다. 따라서 이제부터 숨을 내쉴 때마다 이완감을 느껴 보라. 이때 숨을 내쉴 때마다 마음속으로 "편하다"라고 조용히 읊조리면 이완감이 더 잘 경험된다. 또는 "좋다"를 사용해도 이완감이 효과적으로 나타난다.

주의할 점

① 허리를 곧게 펴라. 하지만 너무 무리해서 경직된 상태를 유발할 필요는 없다. 머리는 세워도 좋고 약간 숙여도 좋다.

② 만약 머리가 어쩔하거나 어지러운 증상이 있을 경우에는 너무 숨을 길게 내쉬지 마라. 이러한 현상은 평소보다 너무 길게 호흡하다 보니 두뇌 안에 산소가 부족해서 나타나는 현상이다. 따라서 내 몸이 복식 호흡에 적응할 때까지 너무 길게 호흡하지 않는 것이 좋다(하지만 복식 호흡을 하다 보면 평소보다 저절로 호흡이 길어진다).

③ 호흡하면서 잡념이 떠오르면, 앞에서 강조했듯이 재빨리 미리 정해진 신체 부위(예: 단전, 코끝, 발끝)나 단어(예: 편하다, 평안, 하나)로 돌아오라.

자, 이 정도로 실습하면 준비 단계가 마무리되었다. 내 경험으로는 일반적으로 약 10분 정도면 이완감을 느끼게 된다. 물론 개인차가 있어서 어떤 사람은 10분 이상 걸릴 수도 있다. 중요한 점은 다른 사람들이 이완감을 느낄 수 있다면 개인차가 있을 뿐 누구나 이완감을 경험할 수 있다는 사실이다. 다시 한번 강조하지만 10분 정도의 투자가 스트레스 관리(분노 관리)는 물론이고, 건강, 행복, 성공을 위해 매우 중요하다는 점을 꼭 기억하면 좋겠다.

부록 4

심상법

여기서는 행복 심상에 관한 실습 과정을 간략하게 소개하
겠다.

🌸 .... 실습 단계

① 지금까지 살면서 가장 행복했던 장면을 생각해 보라. 이때
마치 시험을 치르듯이 최고의 행복 심상을 선택할 필요는
없다. 다만 지금 떠오르는 비교적 행복했던 심상 하나를
선택하면 된다. 그리고 나중에 또 다른 행복 심상이 생각
나면 그때 바꾸어서 실습해 보면 된다.

② 이제 눈을 감고 앞에서 소개한 복식 호흡을 하라. 그리고
숨을 내쉴 때마다 "편하다" "좋다"를 마음속으로 되뇌이면
서 편안한 이완감을 느껴 보라. 이제 어느 정도 이완감이

느껴지면 자신이 선택한 행복 심상을 떠올려 보라.

③ 이제 행복 심상을 떠올리면 서서히 그 상황에서 볼 수 있는 장면을 볼 수 있다. 이어서 그 장면에서 들을 수 있는 소리를 들을 수 있다. 더 나아가 촉각 경험도 할 수 있는 대로 체험해 보라. 어느 정도 시각적 경험, 청각적 경험이 체험되면 세세한 측면들에 대해서도 느껴 보라. 예컨대 그 장면(예: 방 안)에서 볼 수 있는 상대방 모습뿐 아니라 주위에 놓여 있던 가구, 문, 창……. 등을 살펴 보라. 그리고 무엇보다도 그 장면에서 느꼈던 행복한 느낌을 다시 한번 생생하게 느껴 보라.

④ 충분히 행복 심상을 재경험한 후에는 마음속으로 '하나'에서 '셋'까지 숫자를 세면서 상쾌한 느낌으로 눈을 뜨면 된다. 자. 이처럼 행복 심상을 다시 한번 생생하게 체험하면 심상법에 대한 준비가 된 셈이다.

🌺 ....참고 사항

첫째, 우리의 인지 구조는 부정 상태에서는 또 다른 부정 상태, 그리고 긍정 상태에서는 또 다른 긍정 상태로 이어지는 경향이 있다(Bower, 1981).[9] 따라서 매우 심각한 스트레스 상황이나 우울 상태에서는 행복 심상이 잘 떠오르지 않을 수 있다. 반면에 이완 상태에 있을 때 심상이 더 활성화되기 쉽다. 따라서 먼저 복식 호흡을 실시하는 것이 심상법을 비롯한 다양한 이완법의 효과를 높인다.

둘째, 심상법은 이 책에서 소개하는 다양한 기법에 결합해서 사용할 수 있다. 특히 심상법의 장점은 자신에 맞는 상황을 창의적으로 활용해서 적용할 수 있다는 점이다.

셋째, 앞에서 소개했듯이 칼 사이몬톤 박사는 심상을 이용해서 암을 치료한 바 있으며, 제럴드 엡슈타인 박사 역시 다양한 질병을 심상으로 치유한 바 있다. 하지만 이러한 적용을 위해서는 해부학을 비롯해서 정확한 지식을 갖고 접근해야 한다. 다시 말해서 해부학적 지식 없이 무리하게 심상법을 잘못 적용하면 건강에 나쁜 결과를 초래할 수 있으므로, 의료적 문제는 의료 전문가와 상의를 하면서 접근할 필요가 있다.

끝으로, 여기서 소개하는 심상법을 충분히 이해하고 체험할 경우, 매우 놀라운 효과가 있다는 점을 다시 한번 강조하고 싶다.

점진적 근육 이완법

🌸.... 기본 원리 및 방법

점진적 근육 이완법의 기본 원리 및 실시 방법은 매우 간단하다.

첫째, 특정 신체 부위에 긴장과 이완을 반복한다(이완이 목적이지만 신체를 긴장하면, 저절로 이완 상태가 된다).

둘째, 긴장할 때는 할 수 있는 만큼 긴장할수록 효과가 좋다. 하지만 너무 무리하게 힘을 가하면 좋지 않다. 특히 긴장 단계에서 쥐가 날 경우 다음에서 소개하는 시간을 지킬 필요 없이 곧바로 이완 단계를 진행하면 된다(이렇게 소개하면 걱정이 될 수 있겠으나, 실제로 너무 지나치게 힘을 가할 경우 통증을 경험할 수 있기 때문에 무리하는 경우는 거의 없다).

셋째, 이완할 때는 앞에서 소개한 복식 호흡을 실시하면 된다. 이때 문자 그대로 편하게 이완할 수 있도록 몸과 마음 자세를 취하는 것이 좋다. 그리고 앞에서 소개한 복식 호흡을 하면 저절로 몸과 마음을 이완할 수 있는 좋은 방법이 된다.

마지막으로, 긴장은 대략 7~10초(또는 하나부터 일곱이나, 하나부터 열까지 세면서), 이완은 30초 정도의 시간을 갖고 진행하면 된다. 이때 눈을 뜨고 시계를 보면 긴장 상태가 되므로 긴장할 때는 시계를 보아도 좋지만, 이완할 때는 눈을 감고 복식 호흡에 집중하는 것이 좋다(그리고 평소 한 번 호흡할 때 걸리는 시간을 미리 알아 두면 도움이 된다). 이 경우 걸리는 시간이 실제와 다소 다를 수 있겠으나 시간을 꼭 맞추지 않아도 된다(사실 나는 임상 장면에서 10초 긴장, 30초 이완을 사용하고 있으나 여기서는 일반 독자분들을 위해 7~10초 긴장, 30초 이완을 소개하고 있는 셈이다).

🌹.... 전신 이완법: 4부위 전신 이완법

전신 이완법은 고혈압을 비롯해 다양한 질병에 도움이 되지만 여기서는 피로 회복과 불면증에 도움이 될 수 있는 간략한 방법을 소개하겠다. 참고로 여기서 소개하는 간편 전신 이완법을 실시하면 불과 3분 정도 안에 하품이 나온다. 하품이란 몸이 이완되고 수면 과정에 접어들고 있음을 보여 주는 징후이다. 사실 불면증에는 여기서 소개하는 4부위 전신 이완법보다 안구 이완법이나 16부위 전신 이완법이 효과적이다. 하지만 이에 대해서는 나중에 『스트레스에서 벗어나 천수 건강을 누리는 법』에서 소개하기로 하고, 여기서는 3분 안에 실시할 수 있는 4부위 전신 이완법을 소개해 보도록 하자.

4부위 전신 이완법은 얼핏 복잡하게 보일 수 있지만, 실제로는 매우 간단한 방법이므로 미리 걱정하지 말고 실습해 보길 바란다. 여기서는 긴장하는 방법만을 소개하겠다. 왜냐하면 앞에서도 언급했듯이 이완 단계에서는 복식 호흡을 실시하면 되기 때문이다.

양팔 부위

반듯이 누워서 양팔을 몸통 옆에 가지런히 놓는다. 이 자세에서 어깨부터 주먹까지 힘껏 힘을 준다(앞에서 소개했듯이 무리하지 않는 범위에서 힘을 가할수록 좋다).

양다리 부위

엉덩이부터 발끝까지 앞으로 쭉 뻗고 힘을 준다. 이때 발끝은 머리 방향으로 당겨 준다.

몸통 부위

몸통 앞면은 가슴 부위부터 배 부위까지 그리고 뒷면은 어깨에서 허리까지 힘을 주면 된다. 이때 특히 배 부위에 힘을 준다.

머리 부위

머리끝에서 턱 부위까지 최대한 긴장이 되도록 힘을 준다. ① 눈을 질끈 감고, ② 코를 중심으로 최대한 얼굴을 찡그리고, ③ 입을 닫은 상태에서 양옆으로 최대한 일자로 만들면서 윗니와 아랫니가 닿도록 한다.

요약

앞에서 소개한 4부위를 동시에 긴장한다. 다시 말해서 머리부터 발끝까지 한꺼번에 힘을 준다. 이러한 긴장 단계에서 7초에서 10초 정도 실시한다(또는 하나부터 일곱이나 하나부터 열까지 센다). 그리고 긴장 단계가 끝나면 이완을 위해서 눈을 감은 상태에서 편하게 30초 정도 복식 호흡을 하면 된다. 이와 같은 긴장과 이완을 5번 정도 실시하면 된다.

🌸 국소 이완법: 뒷목 부위

현대인들은 긴장된 자세로 지내다 보니 뒷목과 어깨가 아프다고 호소하는 경우가 많다. 이때 통증이 느껴지는 부위 중심으로 국소 이완법을 적용하면 놀라운 효과를 체험할 수 있다. 약을 복용하지 않아도, 병원에 가지 않아도 놀라운 효과를 빠르게 체험할 수 있다. 다만 강조할 점은 다른 의학적 원인으로 인한 통증이 있을 경우, 전문 의료진의 처방을 받는 것이 좋다(특히 혈압과 콜레스테롤이 높아서 뇌졸중 위험이 있는 분은 전문 의료진의 처방을 받기를 강조하고자 한다).

🌿 긴장 단계

머리를 뒤로 젖혀서 뻐근한 뒷목 부위에 힘이 들어가도록 한다. 아울러 어깨를 아래에서 위로 올려서 역시 뻐근한 뒷목 부위에 힘이 들어가게 한다([그림 3] 참조). 결과적으로 뒷목을 중심으로 위와 아래에서 힘을 가하면 된다. 이 상태에서 마음속으로 7에서 10초 정도(또는 하나부터 일곱이나 하나부터 열까지) 세면서 힘을 가한다.

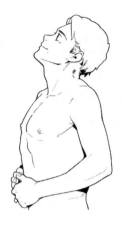

[그림 3] 국소 이완법: 뒷목 부위

이완 단계

이제 머리와 어깨 부위를 원래 상태와 같이 편한 자세를 취한다. 다시 말해서 머리를 정면을 바라보도록 하고 어깨는 원래 위치로 낮춘다. 그리고 눈을 감고 앞에서 소개한 복식 호흡을 3번에서 5번 정도 실시한다. 이때도 매번 숨을 쉴 때마다 '편하다' '좋다'를 조용히 읊조리면 더 좋다.

요약

이러한 긴장과 이완 자세를 3번에서 5번 정도 반복하면 웬만한 뻐근함은 곧바로 사라진다(통증이 심각할 경우 다소 시간이 걸릴 수 있으나, 이 경우에도 다른 일을 하다 보면 어느새 사라짐을 느낀다).

　참고로 다른 부위도 동일한 방식으로 접근하면 된다. 예를 들어, 손목 부위에 통증이 있을 경우, 그 부위에 초점을 맞추어서 긴장과 이완을 반복하면 된다(다시 한번 강조하지만 이러한 통증이 다른 의학적 원인으로 발생한 경우에는 의료 전문가에게 진단 및 처방을 받는 것이 좋다).

　내 경험으로 점진적 근육 이완법은 정말로 놀라운 기법이다. 단, 일부 참여자의 경우 긴장 단계에서 너무 무리하게 힘을 준 결과, 그 부위(예: 뒷목 부위)에서 뻐근함을 호소하는 경우가 아주 드물게 발생한다. 흥미로운 현상은 내가 2001년에 미국에 다시 들어가기 전에는 이러한 현상이 오직 남성에게서만 나타났으나, 최근에는 여성에게서도 종종 나타나고 있다. 다시 한번 강조하면 긴장 단계에서는 '무리하지 않는 범위'에서 힘을 주어야 한다. 특히 노약자는 무리하게 힘을 주지 않기를 강조하고 싶다. 설혹 아무리 좋은 기법이라고 하더라도 무리하면 결과가 좋지 않다는 점을 꼭 유념하면서 점진적 근육 이완법을 활용하면 좋겠다.

미주

저자가 원서를 참조했을 경우에는 원서를 소개하고, 번역본에 기초할 경우에는 번역본을 제시하였다. 마찬가지로 논문을 직접 참조했을 경우에는 논문을, 그리고 도서에서 인용할 경우에는 도서에 관한 정보를 제시하였다.

프롤로그

1. Taylor, J. B. (2006). *My stroke of insight*. Viking.
2. 전겸구, 서경현, 조영일(2020). 정서적 스트레스 검사: 성인용. 학지사 인사이트.
3. Khidekel, M., & Editors of Thrive Global. (2021). *Your time to thrive*. Hachette.
4. Rosenberg, J. I. (2019). *90 seconds to a life you love*. Little, Brown Spark.

01 · 스트레스란 무엇인가

1. Taylor, J. B. (2006). *My stroke of insight*. Viking.
2. 황숙경(역, 2004). 적게 일하고 많이 놀아라. 물푸레.
3. Goewey, D. J. (2014). *The end of stress*. Atria.
4. Cannon, W. B. (1914). The interrelations of emotions as suggested by recent physiological researches. *American Journal of Psychology, 25*, 256-282; Cannon, W. B. (1935). *The wisdom of the body*.

Norton.

5. Hanson, P. G. (1985). *The joy of stress*. Andrews, McMeel & Parker.
6. 같은 책

02 · 멈추고, 생각하고, 실행하라

1. Chon, K. K. (1989). *The role of coping resources in moderating the relation between life stress and depression: A control theory approach* (Unpublished doctoral dissertation). University of Massachusetts, Amherst, MA.
2. Pert, C. B. (1997). *The molecules of emotion*. Scribner.
3. Taylor, J. B. (2006). *My stroke of insight*. Viking.
4. '주체성'과 관련해서는 전홍준 박사(나를 살리는 생명 리셋, 서울셀렉션, 2022)도 강조한 바 있다. "불쾌한 생각들을 즉시 사라지게 하는 쉬운 방법이 있습니다. 우선 그런 생각이 일어나면 '이 생각이 누구에게서 일어나는가' 하고 물어봅니다. 그러면 '나에게서!'라는 걸 깨닫게 됩니다. 그러면 이어서 '나라는 생각은 어디서 일어나는가' 하고 물어봅니다. 그 순간 모든 생각이 사라져 버릴 겁니다. 왜 그럴까요? '내'가 모든 생각의 뿌리이자 최초의 생각이기 때문입니다."

03 · 전반적 수준

1. Cooper, C. L., Cooper, R. D., & Eaker, L. H. (1988). *Living with stress*. Penguin Books.
2. Benson, H., & Stuart, E. M. (1992). *The wellness book*. A Fireside Book; Cavallaro, M. J. (2014). *Ten minutes to deep meditation*. Atlantic Publishing.
3. Weil, A. (1997). *8 weeks to optimum health*. Alfred A. Knopf.
4. Pascual-Leone, A., Nguyet, D., Cohen, L. G., Brasil-Neto, J. P., Cammarota, A., & Hallett, M. (1995). Modulation of muscle responses evoked by transcranial magnetic stimulation during the acquisition of

new fine motor skills. *Journal of Neurophysiology*, 74, 1037-1045.

5. 박희준(역, 1990). 마음의 의학. 정신세계사.

6. Epstein, G. (1989). *Healing visualizations.* Bantam Books.

7. Jacobson, E. (1934). *You must relax.* McGraw-Hill.

04 · 신체적 수준

1. Nichols, W. J. (2014). *Blue mind.* Little, Brown and Company.

2. Cohen, D., & Bria, G. (2018). *Quench.* Hachette.

3. 박미경(역, 2020). 움직임의 힘. 로크미디어.

4. 이혁재(역, 2011). 100세 현역 의사의 스트레스 내려놓기 연습. 예인.

05 · 심리적 수준

1. Ikemi, Y., & Nakagawa, S. (1962). A psychosomatic study of contagious dermatitis. *Kyushu Journal of Medical Science,* 13, 335-352.

2. Dossey, L. (1991). *Meaning & Medicine.* Bantam Books.

3. 류시화(편역, 2017). 나는 왜 너가 아니고 나인가. 더숲.

4. 국내에서 'Mindfulness'를 '마음챙김 명상'으로 번역하고 있으나, 최소한 두 가지 관점에서 볼 때 '알아차림 명상'으로 번역하는 것이 더 적절하다고 보인다. ① '마음'을 강조하게 되면 내부(생각, 정서, 신체 감각)에만 초점을 두고, 외부(상대방, 주위 환경)에 초점을 두지 않는 것으로 오해하기 쉽다. 하지만 '알아차림 명상'에서는 내부와 외부를 있는 그대로 바라보는 것이 중요하다. ② 무엇보다 '챙김'이라는 단어는 무언가 '열심히 하려는 자세'를 뜻하기 쉬운데, 이러한 자세는 알아차림 명상에서 강조하는 '집착하지 않고, 있는 그대로 바라보면서, 애쓰지 않는 태도'와 정반대의 자세를 유발하기 쉽다. 저자는 이와 같은 점을 종합적으로 고려해서 '알아차림' 명상으로 번역하고자 한다.

5. Crum, A. J., Salovey, P., & Achor, S. (2013). Rethinking stress: The role of mindsets in determining the stress response. *Journal of*

Personality and Social Psychology, 104, 716-733.

6. Lazarus, R. S., & Folkman, S. (1984). *Stress, appraisal, and coping.* Springer.

7. Maslow, A. H. (1970). *Motivation and personality.* Harper & Row.

8. Taylor, J. B. (2006). *My stroke of insight.* Viking.

9. 김정아(역, 2022). 나는 단단하게 살기로 했다. 부키.

10. 황숙경(역, 2004). 적게 일하고 많이 놀아라. 물푸레; Goeway, D. J. (2014). *The end of stress.* Atria.

11. Hardy, B. (2022). *Be your future self now.* Hay House.

12. Hershfield, H. E., Cohen, T. R., & Thompson, L. (2012). Short horizons and temping situations: Lack of continuity to our future selves leads to unethical decision making and behavior. *Organizational Behavior and Human Decision Processes, 117*, 298-310.

13. Vilhauer, J. (2014). *Think forward to thrive.* New World Library.

14. Clifton, J., & Harter, J. (2021). *Wellbeing at work.* Gallup Press.

15. Linehan, M. M. (2015). *DBT skills training handouts and worksheets* (2nd ed.). Guilford Press.

06 · 사회적 수준

1. Holt-Lunstad, J., Smith, T. B., & Layton, J. B. (2010). Social relationships and mortality risk: a meta-analytic review. *PLos Medicine*, 7: e1000316.

2. 전겸구(2012). 화, 참을 수 없다면 똑똑하게. 21세기북스.

3. Burns, D. D. (2008). *Feeling good together.* Broadway Books.

4. Burns, D. D. (2020). *Feeling great.* PESI Publishing & Media.

5. Maloney, H. N. (1995). *Win-Win relationships.* Broadman & Holman.

6. TED 강연: https://www.ted.com/talks/kelly_mcgonigal_how_to_

make_stress_your_friend?subtitle=en. 아울러 연민과 친절에 관한 참고문헌은 다음과 같다. Rakel, D. (2011). *The compassionate connection*. W. W. Norton & Company; Hamilton, D. R. (2017). *The five side effects of kindness*. Hay House.

7. McCullough, M. E. (2008). *Beyond revenge*. Jossey-Bass.

07 · 영적 수준

1. Katz, R. (2017). *Indigenous healing psychology*. Healing Arts Press.

2. 참고로 Wikipedia에 따르면 (Caroline) Myss를 'mace'(메이스)로 발음한다고 나와 있으며, 구글 코리아에서는 캐롤라인 '미스'로 표기하고 있다.

3. Myss, C. (1996). *Anatomy of the spirit*. Harmony Books.

4. Church, D. (2008). *The genie in your genes*. Energy Psychology Press.

5. McClelland, D. C. (1989). Motivational factors in health and disease. *American Psychologist*, 44, 675-683.

6. 이 내용은 2013년경 참석했던 '사랑의 교회' 설교(오정현 목사)에 기초하고 있다. 하지만 기억의 왜곡 가능성 등을 고려할 때 차후 확인이 필요하다. 다만 저자가 읽은 허드슨 테일러에 관한 자서전에서는 이 내용을 찾지 못했다.

7. Frankl, V. E. (2006). *Man's search for meaning*. Beacon Press.

8. Harvard Business Review (2018). *Purpose, meaning, and passion*. Harvard Business Review Press.

9. Wrzesniewski, A., McCauley, C., Rozin, P., & Schwartz, B. (1997). Jobs, careers, and callings: People's relations to their work. *Journal of Research in Personality*, 31, 21-33.

에필로그

1. 원호택 외(역, 1996). 우울증의 인지치료. 학지사.

2. 김현수(역, 2016). 마라클 모닝. 한빛비즈.

3. 신예경(역, 2011). 3초간. 알키.

4. 이 책과 유사한 책들은 다음과 같다.

• Baum, I. (2018). *5-minute energy*. Adams Media.

• Chatterjee, R. (2020). *Feel better in 5*. BenBella Books.

• Welsh, E. (2020). *5-minute stress relief*. Rockridge Press.

부록

1. Chon, K. K. (1989). The role of coping resources in moderating the relation between life stress and depression: A control theory approach (Unpublished doctoral dissertation). *University of Massachusetts*, Amherst, MA.

2. Pert. C. B. (1997). *Molecules of emotion*. Scribner.

3. Baumeister, R. F., Bratslavsky, E., Finkenauer, C., & Vohs, K. D. (2001). Bad is stronger than good. *Review of General Psychology, 5*, 323-370.

4. Wegner, D. M., Schneider, D. J., Carter, S. R., & White, T. L. (1987). Paradoxical effects of thought suppression. *Journal of Personality and Social Psychology, 53*, 5-13.

5. Wegner, D. M. (2011). Setting free the bears: Escape from thought suppression. *American Psychologist, 66*, 671-680.

6. Gollwitzer, P. M., & Sheeran, P. (2006). Implementation intentions and goal achievement: A meta-analysis of effects and processes. *Advances in Experimental Social Psychology, 38*, 69-119.

7. 신예경(역, 2015). 스트레스의 힘. 21세기북스.

8. Keller, G., & Parasan, J. (2012). *The one thing*. Bard Press.

9. Bower, G. H. (1981). Mood and memory. *American Psychology, 36*, 129-148.

저자 소개

전겸구(Chon Kyum Koo)
성균관대학교 심리학 석사
University of Massachusetts at Amherst 심리학 박사

〈주요 경력〉
전 대구대학교 심리치료학과/재활심리학과 전임 교수
　 Brigham Young University 심리학과 전임 교수
　 University of Utah 건강증진학과 전임 교수
　 한국건강심리학회 회장/아시아심리학회 부회장
　 대한스트레스학회 부회장
　 한국스트레스연구소 소장/스트레스관리센터 대표
현 (주)국제스트레스관리협회 대표
　 전인치유 Academy 원장

〈주요 공 · 저서〉
『화, 참을 수 없다면 똑똑하게: 분노하지 않고 이기는 22가지 습관』
　 (21세기북스, 2012)
『今天你可以不生氣』(Xiron, 2010)
『스트레스 과학의 이해』(공저, 신광출판사, 1997)
『Rules of hope』(공저, Springer-Verlag, 1990)

3분 안에 스트레스에서 벗어나는 법

3-Minute Stress Management: How to Get Out of Stress in Just 3 Minutes

2024년 11월 20일 1판 1쇄 인쇄
2024년 11월 25일 1판 1쇄 발행

지은이 • 전겸구
펴낸이 • 김진환
펴낸곳 • ㈜ **학지사**

04031 서울특별시 마포구 양화로 15길 20 마인드월드빌딩
대표전화 • 02-330-5114   팩스 • 02-324-2345
등록번호 • 제313-2006-000265호

홈페이지 • http://www.hakjisa.co.kr
인스타그램 • https://www.instagram.com/hakjisabook/

ISBN 978-89-997-3286-7 03180

정가 16,000원

저자와의 협약으로 인지는 생략합니다.
파본은 구입처에서 교환해 드립니다.

이 책을 무단으로 전재하거나 복제할 경우 저작권법에 따라 처벌을 받게 됩니다.

출판미디어기업 학지사

간호보건의학출판 **학지사메디컬** www.hakjisamd.co.kr
심리검사연구소 **인싸이트** www.inpsyt.co.kr
학술논문서비스 **뉴논문** www.newnonmun.com
교육연수원 **카운피아** www.counpia.com
대학교재전자책플랫폼 **캠퍼스북** www.campusbook.co.kr